As ideias fora do lugar

ROBERTO SCHWARZ nasceu em Viena, Áustria, em 1938. Graduado em ciências sociais pela USP, mestre pela Universidade Yale e doutor pela Universidade de Paris III, Sorbonne. Foi professor de teoria literária na USP e na Unicamp. Dele, a Companhia das Letras publicou, entre outros, *Duas meninas* (1990), *Sequências brasileiras* (1999) e *Martinha* versus *Lucrécia* (2012), além da coletânea *Um crítico na periferia do capitalismo* (2007), com textos de autores brasileiros e estrangeiros sobre sua trajetória. É um dos críticos brasileiros mais estudados no exterior.

Roberto Schwarz

As ideias fora do lugar

Ensaios selecionados

1ª reimpressão

COMPANHIA DAS LETRAS

Copyright da seleção © 2014 by Roberto Schwarz
Todos os direitos reservados

*Grafia atualizada segundo o Acordo Ortográfico da Língua
Portuguesa de 1990, que entrou em vigor no Brasil em 2009.*

Penguin and the associated logo and trade dress are registered
and/or unregistered trademarks of Penguin Books Limited and/or
Penguin Group (USA) Inc. Used with permission.

Published by Companhia das Letras in association
with Penguin Group (USA) Inc.

PREPARAÇÃO
Ieda Lebensztayn

REVISÃO
Huendel Viana
Márcia Moura

Dados Internacionais de Catalogação na Publicação (CIP)
(Câmara Brasileira do Livro, SP, Brasil)

Schwarz, Roberto
    As ideias fora do lugar : ensaios selecionados / Roberto
Schwarz. — 1ª ed. — São Paulo: Penguin Classics Companhia das Letras, 2014.

    ISBN 978-85-63560-95-7

    1. Ensaios brasileiros 2. Literatura brasileira — História
e crítica I. Título.

14-05239   CDD-869.94

Índice para catálogo sistemático:
1. Ensaios : Literatura brasileira 869.94

[2021]
Todos os direitos desta edição reservados à
EDITORA SCHWARCZ S.A.
Rua Bandeira Paulista, 702, cj. 32
04532-002 — São Paulo — SP
Telefone: (11) 3707-3500
www.penguincompanhia.com.br
www.companhiadasletras.com.br
www.blogdacompanhia.com.br

Sumário

Cultura e política, 1964-1969	7
As ideias fora do lugar	47
O sentido histórico da crueldade em Machado de Assis	65
Nacional por subtração	81
Sobre as *Três mulheres de três PPPês*	103
A nota específica	129
Notas	134
Notas sobre os textos	147

Cultura e política,
1964-1969
Alguns esquemas

Nota, 1978

As páginas que seguem foram escritas entre 1969 e 1970. No principal, como o leitor facilmente notará, o seu prognóstico estava errado, o que não as recomenda. Do resto, acredito — até segunda ordem — que alguma coisa se aproveita. A tentação de reescrever as passagens que a realidade e os anos desmentiram naturalmente existe. Mas para que substituir os equívocos daquela época pelas opiniões de hoje, que podem não estar menos equivocadas? Elas por elas, o equívoco dos contemporâneos é sempre mais vivo. Sobretudo porque a análise social no caso tinha menos intenção de ciência que de reter e explicar uma experiência feita, entre pessoal e de geração, do momento histórico. Era antes a tentativa de assumir literariamente, na medida de minhas forças, a atualidade de então. Assim, quando se diz "agora", são observações, erros e alternativas daqueles anos que têm a palavra. O leitor verá que o tempo passou e não passou.

Em 1964 instalou-se no Brasil o regime militar, a fim de garantir o capital e o continente contra o socialismo. O governo populista de Goulart, apesar da vasta mobilização esquerdizante a que procedera, temia a luta de classes e recuou diante da possível guerra civil. Em consequência, a vitória da direita pôde tomar a costumeira forma de acerto entre generais. O povo, na ocasião, mobilizado mas sem armas e organização própria, assistiu passivamente à troca de governos. Em seguida sofreu as consequências: intervenção e terror nos sindicatos, terror na zona rural, rebaixamento geral de salários, expurgo especialmente nos escalões baixos das forças armadas, inquérito militar na Universidade, invasão de igrejas, dissolução das organizações estudantis, censura, suspensão de habeas corpus etc. Entretanto, para surpresa de todos, a presença cultural da esquerda não foi liquidada naquela data, e mais, de lá para cá não parou de crescer. A sua produção é de qualidade notável nalguns campos, e é dominante. *Apesar da ditadura da direita, há relativa hegemonia cultural da esquerda no país.* Pode ser vista nas livrarias de São Paulo e Rio, cheias de marxismo, nas estreias teatrais, incrivelmente festivas e febris, às vezes ameaçadas de invasão policial, na movimentação estudantil ou nas proclamações do clero avançado. Em suma, nos santuários da cultura burguesa a esquerda dá o tom. Esta anomalia — que agora periclita, quando a ditadura decretou penas pesadíssimas para a propaganda do socialismo — é o traço mais visível do panorama cultural brasileiro entre 1964 e 1969. Assinala, além de luta, um compromisso.

Antes de apresentá-la em seus resultados, é preciso localizar esta hegemonia e qualificá-la. O seu domínio, salvo engano, concentra-se nos grupos diretamente ligados à produção ideológica, tais como estudantes, artistas, jornalistas, parte dos sociólogos e economistas, a parte raciocinante do clero, arquitetos etc. — mas daí não sai, nem pode sair, por razões policiais. Os intelectuais são de esquerda, e as matérias que preparam, de um lado, para as comissões do governo ou do grande capital e, de outro, para as rádios, televisões e os jornais do país não são. É de esquerda somente a matéria que o grupo — numeroso a ponto de formar um bom mercado — produz para consumo próprio. Essa situação cristalizou-se em 1964, quando grosso modo a intelectualidade socialista, já pronta para prisão, desemprego e exílio, foi poupada. Torturados e longamente presos foram somente aqueles que haviam organizado o contato com operários, camponeses, marinheiros e soldados. Cortadas naquela ocasião as pontes entre o movimento cultural e as massas, o governo Castelo Branco não impediu a circulação teórica ou artística do ideário esquerdista, que embora em área restrita floresceu extraordinariamente. Com altos e baixos essa solução de habilidade durou até 1968, quando nova massa havia surgido, capaz de dar força material à ideologia: os estudantes, organizados em semiclandestinidade. Durante esses anos, enquanto lamentava abundantemente o seu confinamento e a sua impotência, a intelectualidade de esquerda foi estudando, ensinando, editando, filmando, falando etc., e sem perceber contribuíra para a criação, no interior da pequena burguesia, de uma geração maciçamente anticapitalista. A importância social e a disposição de luta dessa faixa radical da população revelam-se agora, entre outras formas, na prática dos grupos que deram início à propaganda armada da revolução. O regime respondeu, em dezembro de 1968, com o endurecimento. Se em 1964 fora possível à direita "preservar" a produção cultural, pois bastara liquidar o seu contato com a massa operária e camponesa, em 1968, quando o estudante e o público dos melhores filmes, do melhor teatro, da melhor música e dos melhores livros já constituem massa politicamente perigosa, será necessário trocar ou censurar os professores, os encenadores, os escritores, os músicos, os livros, os editores — noutras palavras, será necessário liquidar a própria cultura viva do momento.

O governo já deu vários passos neste sentido, e não se sabe quantos mais dará. Em matéria de destroçar universidades, o seu acervo já é considerável: Brasília, São Paulo e Rio, as três maiores do país.

Para compreender o conteúdo, a implantação e as ambiguidades dessa hegemonia, é preciso voltar às origens. Antes de 1964, o socialismo que se difundia no Brasil era forte em anti-imperialismo e fraco na propaganda e organização da luta de classes. A razão esteve, em parte ao menos, na estratégia do Partido Comunista, que pregava aliança com a burguesia nacional. Formou-se em consequência uma espécie desdentada e parlamentar de marxismo patriótico, um complexo ideológico ao mesmo tempo combativo e de conciliação de classes, facilmente combinável com o populismo nacionalista então dominante, cuja ideologia original, o trabalhismo, ia cedendo terreno. O aspecto conciliatório prevalecia na esfera do movimento operário, onde o PC fazia valer a sua influência sindical, a fim de manter a luta dentro dos limites da reivindicação econômica. E o aspecto combativo era reservado à luta contra o capital estrangeiro, à política externa e à reforma agrária. O conjunto estava sob medida para a burguesia populista, que precisava da terminologia social para intimidar a direita latifundiária, e precisava do nacionalismo, autenticado pela esquerda, para infundir bons sentimentos nos trabalhadores. Não se pense, é claro, que o populismo seja criação do PC; o populismo é que consolidara neste uma tendência, cujo sucesso prático muito grande tornava o partido, como veremos adiante, invulnerável à esquerda. Ora, uma vez consumada essa aliança tornou-se difícil a separação dos bens. Hoje tudo isso parece claro. Não obstante, esse complexo deteve a primazia teórica no país, seja em face das teorias psicossociológicas do "caráter nacional", já anacrônicas então, seja em face do nacionalismo simples da modernização, inocente de contradições, seja em face dos simulacros cristãos do marxismo, que traduziam imperialismo e capital em termos de autonomia e heteronomia da pessoa humana, e seja finalmente diante dos marxismos rivais, que batiam incansavelmente na tecla do leninismo clássico, e de hábito se bastavam com a recusa abstrata do compromisso populista. O ponto forte da posição comunista, que chegou a penetrar as massas, aprofundando nelas o sentido político do patriotismo, estava na demonstração de que a dominação imperialista e a reação interna estão ligadas, que não se muda uma sem mudar a outra. Aliada ao momento político, a repercussão dessa tese foi muito grande. A literatura anti-imperialista foi traduzida em grande escala e os jornais fervilhavam de comentários. Foi a época de Brasilino, uma personagem que ao longo de um livrinho inteiro não conseguia mover um dedo sem topar no imperialismo. Se acendia a luz, pela manhã, a força era da Light & Power. Indo ao trabalho, consumia gasolina da Esso, num ônibus da General Motors. As salsichas do almoço vinham da Swift & Armour etc. Os *Cadernos do Povo*, por sua vez, vendidos por um cruzeiro, divulgavam amplamente as manobras em torno do petróleo, relações entre latifúndio e doença endêmica, questões de reforma agrária, discutiam quem era "povo" no Brasil etc. O país vibrava e as opções diante da história mundial eram pão diário para o leitor dos principais jornais. Nesse período aclimatizou-se na fala cotidiana, que se desprovincianizava, o vocabulário e também o raciocínio político da esquerda. Daí uma certa abstração e velocidade específica do novo cinema e teatro, em que as opções mundiais aparecem de dez em dez linhas e a propósito de tudo, às vezes de maneira desastrada, às vezes muito engraçadas, mas sempre erguendo as questões à sua consequência histórica, ou a uma caricatura dela. Quando numa peça teatral um namorado diz à namorada, insuficientemente marxista diante das complicações familiares: "generaliza, pô!" — são estes anos de *Aufklärung* [esclarecimento] popular que têm a palavra.[1] Mas voltemos. Se o PC teve o grande mérito de difundir a ligação entre imperialismo e reação interna, a sua maneira de especificá-la foi seu ponto fraco, a razão do desastre futuro de 1964. Muito mais anti-imperialista que anticapitalista, o PC distinguia no interior das classes dominantes um setor agrário, retrógrado e pró-americano, e um setor industrial, nacional e progressista, ao qual se aliava contra o primeiro. Ora, esta oposição existia, mas sem a profundidade que lhe atribuíam, e nunca pesaria mais do que a oposição entre as classes proprietárias, em bloco, e o perigo do comunismo. O PC entretanto transformou em vasto movimento ideológico e teórico as suas alianças, e acreditou nelas, enquanto a burguesia não acreditava nele. Em consequência, chegou despreparado à beira da guerra civil.[2] *Este engano esteve no centro da vida cultural brasileira de 1950 para cá*, e tinha a tenacidade de seu sucesso prático. Esta a dificuldade. A crítica de esquerda não conseguia desfazê-lo, pois todos os dias anteriores ao último davam-lhe razão. Como previsto, Goulart apoiava-se mais e mais no PC, cuja influência e euforia eram crescentes. Só o que não houve meios de prevenir, na prática, já que as precauções neste terreno perturbariam a disposição "favorável" do presidente, foi o final militar. Estava na lógica das coisas que o PC chegasse à soleira da revolução confiando no dispositivo militar da Presidência da República. Em suma, tratava-se de um engano bem fundado nas aparências. Seus termos e seu movimento foram a matéria-prima da crítica e da apologética do período. Sumariamente, era o seguinte: o aliado principal do imperialismo, e portanto o inimigo principal da esquerda, seriam os aspectos *arcaicos* da sociedade brasileira, basicamente o latifúndio, contra o qual deveria erguer-se o *povo*, composto por todos aqueles interessados no *progresso* do país. Resultou, no plano econômico-político, uma problemática explosiva mas burguesa de *modernização* e *democratização*; mais precisamente, tratava-se da ampliação do mercado interno através da reforma agrária, nos quadros de uma política externa independente. No plano ideológico, resultava uma noção de "povo" apologética e sentimentalizável, que abraçava indistintamente as massas trabalhadoras, o lumpesinato, a intelligentzia, os magnatas nacionais e o exército. O símbolo desta salada está nas grandes festas de então, registradas por Glauber Rocha em *Terra em transe*, onde fraternizavam as mulheres do grande capital, o samba, o grande capital ele mesmo, a diplomacia dos países socialistas, os militares progressistas, católicos e padres de esquerda, intelectuais do partido, poetas torrenciais, patriotas em geral, uns em traje de rigor, outros em blue jeans. Noutras palavras, posta de lado a luta de classes e a expropriação do capital, restava do marxismo uma tintura rósea que aproveitava ao interesse de setores (burguesia industrial? burocracia estatal?) das classes dominantes. E de fato, nesta forma, foi parte em grau maior ou menor do arsenal ideológico de Vargas, Kubitschek, Quadros e Goulart. Assim, no Brasil, a deformação populista do marxismo esteve entrelaçada com o poder (particularmente durante o governo Goulart, quando chegou a ser ideologia confessa de figuras importantes na administração), multiplicando os quiproquós e implantando-se profundamente, a ponto de tornar-se a própria atmosfera ideológica do país. De maneira vária, sociologia, teologia, historiografia, cinema, teatro, música popular, arquitetura etc. refletiram os seus problemas. Aliás, esta implantação teve também o seu aspecto comercial — importante, do ponto de vista da ulterior sobrevivência —, pois a produção de esquerda veio a ser um grande negócio, e alterou a fisionomia editorial e artística do Brasil em poucos anos. Entretanto, se nesta fase a ideologia socialista servia à resolução de problemas do capitalismo, a cada impasse invertia-se a direção da corrente. Agitavam-se as massas, a fim de pressionar a faixa latifundiária do Congresso, que assustada aprovaria medidas de modernização burguesa, em particular a reforma agrária. Mas o Congresso não correspondia; e a direita por sua vez, contrariamente à esquerda populista, que era moderadíssima, promovia ruidosamente o fantasma da socialização. Consolidava-se então, aqui e ali, por causa mesmo da amplitude das campanhas populares oficiais, e por causa de seu fracasso, a convicção de que as reformas necessárias ao país não seriam possíveis nos limites do capitalismo e portanto do populismo. Esta conclusão, embora esparsa, tinha o mesmo vasto raio da propaganda governamental. Foi adotada por quadros de governo, quadros técnicos, estudantes e vanguardas operárias, que em seguida, diante do golpe militar de 1964, não puseram em dúvida o marxismo, mas a aplicação que o PC fizera dele. Este esquema explica aliás alguma coisa do caráter e do lugar social de parte do marxismo brasileiro. Num país dependente mas desenvolvimentista, de capitalização fraca e governo empreendedor, toda iniciativa mais ousada se faz em contato com o Estado. Esta mediação dá perspectiva nacional (e paternalista) à vanguarda dos vários setores da iniciativa, cujos teóricos iriam encontrar os seus impasses fundamentais já na esfera do Estado, sob forma de limite imposto a ele pela pressão imperialista e em seguida pelo marco do capitalismo. Isto vale para o conjunto da atividade cultural (incluindo o ensino) que precise de meios, vale para a administração pública, para setores de ponta na administração privada, e especificando-se um pouco valeu mesmo para isolados capitalistas nacionais e para oficiais do exército. Em consequência, a tônica de sua crítica será o nacionalismo anti-imperialista, anticapitalista num segundo momento, sem que a isto corresponda um contato natural com os problemas da massa. Um marxismo especializado na inviabilidade do capitalismo, e não nos caminhos da revolução. Ora, como os intelectuais não detêm os seus meios de produção, essa teoria não se transpôs para a sua atividade profissional, embora faça autoridade e oriente a sua consciência crítica. Resultaram pequenas multidões de profissionais imprescindíveis e insatisfeitos, ligados profissionalmente ao capital ou governo, mas sensíveis politicamente ao horizonte da revolução — e isto por razões técnicas, de dificuldade no crescimento das forças produtivas, razões cuja tradução política não é imediata, ou por outra, é aleatória e depende de ser captada. Em suma, formara-se uma nova liga nacionalista de tudo que é jovem, ativo e moderno — excluídos agora magnatas e generais — que seria o público dos primeiros anos da ditadura e o solo em que deitaria fruto a crítica aos compromissos da fase anterior. Era tão viva a presença desta corrente que não faltou quem reclamasse — apesar dos tanques da ditadura rolando periodicamente pelas ruas — contra o terrorismo cultural da esquerda.[3]

Este, esquematicamente, o mecanismo através do qual um dúbio temário socialista conquistou a cena. Entretanto, resultados culturais e horizontes de uma ideologia, já porque ela nunca está só, não são idênticos em tudo à sua função. Do contato com as novas tendências internacionais e com a radicalização do populismo, o qual afinal desembocava em meses de pré-revolução, nasciam perspectivas e formulações irredutíveis ao movimento ideológico do princípio, e incompatíveis com ele. Dada a análise que fizemos, este é mesmo um critério de valor: só na medida em que nalgum ponto rompesse com o sistema de conciliações então engrenado, que não obstante lhe dava o impulso, a produção de esquerda escapava de ser pura ideologia. Isto dava-se de muitas maneiras. Por exemplo, as demagógicas emoções da "política externa independente" (Jânio Quadros condecorando Guevara) ou das campanhas de Goulart estimulavam, nas faculdades, o estudo de Marx e do imperialismo. Em consequência vieram de professores — destas longínquas tartarugas — as primeiras exposições mais convincentes e completas da inviabilidade do reformismo e de seu caráter mistificador. Outro resultado oblíquo: paradoxalmente, o estudo acadêmico devolvia aos textos de Marx e Lênin a vitalidade que o monopólio do PC lhes havia tomado; saindo da aula, os militantes defendiam o rigor marxista contra os compromissos de seus dirigentes. Em suma, como os Grupos de Onze e as ligas camponesas escapavam à máquina populista, que entretanto era a sua atmosfera, a cultura dispersava por vezes, em obras isoladas ou mesmo em experimentos coletivos, a fumaceira teórica do PC, que entretanto era também o clima que lhe garantia audiência e importância imediata. Finalmente, para um exemplo mais complexo desta disparidade entre a prática reformista e seus resultados culturais, veja-se o Movimento de Cultura Popular (MCP) em Pernambuco (uma bela evocação encontra-se no romance de Antonio Callado, *Quarup*, de 1967). O Movimento começou em 1959, quando Miguel Arraes era prefeito e se candidatava a governador. A sua finalidade imediata era eleitoral, de alfabetizar as massas, que certamente votariam nele se pudessem (no Brasil o analfabeto, 50% da população, não vota). Havia intenção também de estimular toda sorte de organização do povo, em torno de interesses reais, de cidade, de bairro, e mesmo folclóricos, a fim de contrabalançar a indigência e o marginalismo da massa; seria um modo de fortalecê-la para o contato devastador com a demagogia eleitoral. O programa era de inspiração cristã e reformista, e a sua teoria centrava na "promoção do homem". Entretanto, em seus efeitos sobre a cultura e suas formas estabelecidas, a profundidade do MCP era maior.

A começar pelo método Paulo Freire, de alfabetização de adultos, que foi desenvolvido nesta oportunidade. Este método, muito bem-sucedido na prática, não concebe a leitura como uma técnica indiferente, mas como força no jogo da dominação social. Em consequência, procura acoplar o acesso do camponês à palavra escrita com a consciência de sua situação política. Os professores, que eram estudantes, iam às comunidades rurais, e a partir da experiência viva dos moradores alinhavam assuntos e palavras-chave — "palavras geradoras", na terminologia de Paulo Freire — que serviriam simultaneamente para discussão e alfabetização. Em lugar de aprender humilhado, aos trinta anos de idade, que o vovô vê a uva, o trabalhador rural entrava, de um mesmo passo, no mundo das letras e no dos sindicatos, da constituição, da reforma agrária, em suma, dos seus interesses históricos. Nem o professor, nesta situação, é um profissional burguês que ensina simplesmente o que aprendeu, nem a leitura é um procedimento que qualifique simplesmente para uma nova profissão, nem as palavras e muito menos os alunos são simplesmente o que são. Cada um destes elementos é transformado no interior do método, em que de fato pulsa um momento da revolução contemporânea: a noção de que a miséria e seu cimento, o analfabetismo, não são acidentes ou resíduo, mas parte integrada no movimento rotineiro da dominação do capital. Assim, a conquista política da escrita rompia os quadros destinados ao estudo, à transmissão do saber e à consolidação da ordem vigente. Analogamente para o teatro. Certa feita, o governo Arraes procurou estender o crédito agrícola, que em dois meses passou a beneficiar 40 mil pequenos agricultores em lugar de apenas mil. Grupos teatrais procuravam então os camponeses, informavam-se e tentavam dramatizar em seguida os problemas da inovação. Num caso destes, quem seria o autor? Quem aprende? A beleza ainda adorna as classes dominantes? De onde vem ela? Com o público, mudavam os temas, os materiais, as possibilidades e a própria estrutura da produção cultural. Durante este breve período, em que polícia e justiça não estiveram simplesmente a serviço da propriedade (notavelmente em Pernambuco), as questões de uma cultura verdadeiramente democrática brotaram por todo canto, na mais alegre incompatibilidade com as formas e o prestígio da cultura burguesa. Aliás, é difícil dar-se conta, em sua verdadeira extensão, da cumplicidade complexa, da complementaridade que muitas vezes existe entre as formas aceitas, artísticas ou culturais, e a repressão policial. Foram tempos de áurea irreverência. No Rio de Janeiro, os Centros Populares de Cultura (CPC) improvisavam teatro político em portas de fábrica, sindicatos, grêmios estudantis e na favela, começando além disso a fazer cinema e lançar discos. O vento pré-revolucionário descompartimentava a consciência nacional e enchia os jornais de reforma agrária, agitação camponesa, movimento operário, nacionalização de empresas americanas etc. O país estava irreconhecivelmente inteligente. O jornalismo político dava um extraordinário salto nas grandes cidades, bem como o humorismo. Mesmo alguns deputados fizeram discursos com interesse. Em pequeno, era a produção intelectual que começava a reorientar a sua relação com as massas. Entretanto sobreveio o golpe, e com ele a repressão e o silêncio das primeiras semanas. Os generais, em arte, eram adeptos de uma linha mais tradicional. Em São Paulo, por exemplo, verdade que mais tarde, o comandante do Segundo Exército — famoso pela exclamação de que almoçaria a esquerda antes que ela o jantasse — promovia comentado sarau literário, em que recitou sonetos da lavra paterna, e no final, instado pela sociedade presente, também alguns de sua própria pluma. No Recife, o MCP foi fechado em seguida, e sua sede transformada, como era inevitável, em secretaria da assistência social. A fase mais interessante e alegre da história brasileira recente havia se tornado matéria para reflexão.

Agora, no rastro da repressão de 1964, era outra camada geológica do país quem tinha a palavra. "Corações antigos, escaninhos da hinterlândia, quem vos conhece?" Já no pré-golpe, mediante forte aplicação de capitais e ciência publicitária, a direita conseguira ativar politicamente os sentimentos arcaicos da pequena burguesia. Tesouros de bestice rural e urbana saíram à rua, na forma da "Marcha da família, com Deus pela liberdade", movimentavam petições contra divórcio, reforma agrária e comunização do clero, ou ficavam em casa mesmo, rezando o "Terço em família", espécie de rosário bélico para encorajar os generais. Deus não deixaria de atender a tamanho clamor, público e caseiro, e de fato caiu em cima dos comunistas. No pós-golpe, a corrente da opinião vitoriosa se avolumou, enquanto a repressão calava o movimento operário e camponês. Curiosidades antigas vieram à luz, estimuladas pelo inquérito policial-militar que esquadrinhava a subversão. — O professor de filosofia acredita em Deus? — O senhor sabe inteira a letra do Hino Nacional? — Mas as meninas, na faculdade, são virgens? — E se forem praticantes do amor livre? — Será que o meu nome estava na lista dos que iriam para o paredão? Tudo se resumia nas palavras de ardente ex-liberal: "Há um grandioso trabalho à frente da Comissão Geral de Investigações". Na província, onde houvesse ensino superior, o ressentimento local misturava-se de interesse: professores do secundário e advogados da terra cobiçavam os postos e ordenados do ensino universitário, que via de regra eram de licenciados da capital. Em São Paulo, speakers de rádio e televisão faziam terrorismo político por conta própria. O governador do estado, uma encarnação de Ubu, invocava seguidamente a Virgem — sempre ao microfone —, a quem chamava "adorável criatura". O ministro da Educação era a mesma figura que havia poucos anos expurgara a biblioteca da Universidade do Paraná, de que então era reitor; naquela ocasião mandara arrancar as páginas imorais dos romances de Eça de Queirós. Na faculdade de medicina, um grupo inteiro de professores foi expulso por outro, menos competente, que aproveitava a marola policial para ajuste de rancores antigos.

Em menos palavras: no conjunto de seus efeitos secundários, o golpe apresentou-se como uma gigantesca volta do que a modernização havia relegado; a revanche da província, dos pequenos proprietários, dos ratos de missa, das pudibundas, dos bacharéis em lei etc. Para conceber o tamanho desta regressão, lembre-se que no tempo de Goulart o debate público estivera centrado em reforma agrária, imperialismo, salário mínimo e voto do analfabeto, e mal ou bem resumira não a experiência média do cidadão, mas a experiência *organizada* dos sindicatos, operários e rurais, das associações patronais ou estudantis, da pequena burguesia mobilizada etc. Por confuso e turvado que fosse, referia-se a questões reais e fazia-se nos termos que o processo nacional sugeria, de momento a momento, aos principais contendores. Depois de 1964 o quadro é outro. Ressurgem as velhas fórmulas rituais, anteriores ao populismo, em que os setores marginalizados e mais antiquados da burguesia escondem a sua falta de contato com o que se passa no mundo: a célula da nação é a família, o Brasil é altivo, nossas tradições cristãs, frases que não mais refletem realidade alguma, embora sirvam de passe-partout para a afetividade e de caução policial-ideológica a quem fala. À sua maneira, a contrarrevolução repetia o que havia feito boa parte da mais reputada poesia brasileira deste século; ressuscitou o cortejo dos preteridos do capital. Pobres os poetas, que viam seus decantados maiores em procissão, brandindo cacetes e suando obscurantismo! Entretanto, apesar de vitoriosa, esta liga dos vencidos não pôde se impor, sendo posta de lado em seguida pelos tempos e pela política tecnocrática do novo governo. (Fez, contudo, fortuna artística ainda uma vez, em forma de assunto. Seu raciocínio está imortalizado nos três volumes do *Febeapá* — sigla para Festival de Besteira que Assola o País —, antologia compilada por Stanislaw Ponte Preta. E de maneira indireta, o espetáculo de anacronismo social, de cotidiana fantasmagoria que deu, preparou a matéria para o movimento *tropicalista* — uma variante brasileira e complexa do pop, na qual se reconhece um número crescente de músicos, escritores, cineastas, encenadores e pintores de vanguarda. Adiante tentarei apresentá-la.) A sua segunda chance, esta liga veio a tê-la agora em 1969, associada ao esforço policial e doutrinário dos militares, que tentam construir uma ideologia para opor à guerra revolucionária nascente. Porém voltemos a 1964. O governo que resultara do golpe, contrariamente à pequena burguesia e à burguesia rural, que ele mobilizara mas não ia representar, não era atrasado. Era pró-americano e antipopular, mas moderno. Levava a cabo a integração econômica e militar com os Estados Unidos, a concentração e a racionalização do capital. Neste sentido o relógio não andara para trás, e os expoentes da propriedade privada rural e suburbana não estavam no poder. Que interesse pode ter um tecnocrata, cosmopolita por definição, nos sentimentos que fazem a hinterlândia marchar? Muito mais interessante é ver o que veem os seus colegas em Londres, Nova York e Paris: *Hair, Marat-Sade,* Albee e mesmo Brecht. Da mesma forma, quando marchavam pelas ruas contra o comunismo, em saia, blusa e salto baixo, as damas da sociedade não pretendiam renunciar às suas toaletes mais elaboradas. A burguesia entregou aos militares a Presidência da República e lucrativos postos na administração, mas guardava padrões internacionais de gosto. Ora, neste momento a vanguarda cultural do Ocidente trata de um só assunto, o apodrecimento social do capitalismo. Por sua vez, os militares quase não traziam a público o seu esforço ideológico — o qual será decisivo na etapa que se inicia agora —, pois dispondo da força dispensavam a sustentação popular. Neste vácuo, foi natural que prevalecessem o mercado e a liderança dos entendidos, que devolveram a iniciativa a quem a tivera no governo anterior. A vida cultural entrava em movimento, com as mesmas pessoas de sempre e uma posição alterada na vida nacional. Através de campanhas contra tortura, rapina americana, inquérito militar e estupidez dos censores, a inteligência do país unia-se e triunfava moral e intelectualmente sobre o governo, com grande efeito de propaganda. Somente em fins de 1968 a situação volta a se modificar, quando é oficialmente reconhecida a existência de guerra revolucionária no Brasil. Para evitar que ela se popularize, o policialismo torna-se verdadeiramente pesado, com delação estimulada e protegida, a tortura assumindo proporções pavorosas, e a imprensa de boca fechada. Cresce em decorrência o peso da esfera ideológica, o que se traduziu em profusão de bandeiras nacionais, folhetos de propaganda, e na instituição de cursos de ginástica e civismo para universitários. Subitamente renascida, em toda parte se encontra a fraseologia do patriotismo ordeiro. Que chance tem o governo de forjar uma ideologia nacional efetiva? Se precisa dela, é somente para enfrentar a subversão. Noutro caso, preferia dispensá-la, pois é no essencial um governo associado ao imperialismo, de desmobilização popular e soluções técnicas, ao qual todo compromisso ideológico verificável parecerá sempre um entrave. Além disso, há também a penetração instituída e maciça da cultura dos Estados Unidos, que não casa bem com Deus, pátria e família, ao menos em sua acepção latino-americana. Portanto, a resistência à difusão de uma ideologia de tipo fascista está na força das coisas. Por outro lado, dificilmente ela estará na consciência liberal, que teve seus momentos de vigor depois de 1964, mas agora parece quase extinta. Em 1967, por ocasião de grandes movimentações estudantis, foi trazida a São Paulo a polícia das docas. A sua brutalidade sinistra, rotineiramente aplicada aos trabalhadores, voltava-se por um momento contra os filhos da burguesia, causando espanto e revolta. Aquela violência era desconhecida na cidade e ninguém supusera que a defesa do regime necessitasse de tais especialistas. Assim também hoje. Contrafeita, a burguesia aceita a programação cultural que lhe preparam os militares.

Sistematizando um pouco, o que se repete nestas idas e vindas é a combinação, em momentos de crise, do moderno e do antigo; mais precisamente, das manifestações mais avançadas da integração imperialista internacional e da ideologia burguesa mais antiga — e obsoleta — centrada no indivíduo, na unidade familiar e em suas tradições. Superficialmente, esta combinação indica apenas a coexistência de manifestações ligadas a diferentes fases do mesmo sistema. (Não interessa aqui, para o nosso argumento, a famosa variedade cultural do país, em que de fato se encontram religiões africanas, tribos indígenas, trabalhadores ocasionalmente vendidos tal qual escravos, trabalho a meias e complexos industriais.) O importante é o caráter sistemático desta coexistência, e seu sentido, que pode variar. Enquanto na fase Goulart a modernização passaria pelas relações de propriedade e poder, e pela ideologia, que deveriam ceder à pressão das massas e das necessidades do desenvolvimento nacional, o golpe de 1964 — um dos momentos cruciais da Guerra Fria — firmou-se pela derrota deste movimento, através da mobilização e confirmação, entre outras, das formas tradicionais e localistas de poder. Assim a integração imperialista, que em seguida modernizou para os seus propósitos a economia do país, revive e tonifica a parte do arcaísmo ideológico e político de que necessita para a sua estabilidade. De obstáculo e resíduo, o arcaísmo passa a instrumento intencional da opressão mais moderna, como aliás a modernização, de libertadora e nacional passa a forma de submissão. Nestas condições, em 1964 o pensamento caseiro alçou-se à eminência histórica. Espetáculo acabrunhador especialmente para os intelectuais, que já tinham se desacostumado. Esta experiência, com sua lógica própria, deu a matéria-prima a um estilo artístico importante, o *tropicalismo*, que reflete variadamente a seu respeito, explorando e demarcando uma nova situação intelectual, artística e de classe. Tento em seguida um esquema, sem qualquer certeza, de suas linhas principais. Arriscando um pouco, talvez se possa dizer que o efeito básico do tropicalismo está justamente na submissão de anacronismos desse tipo, grotescos à primeira vista, inevitáveis à segunda, à luz branca do ultramoderno, transformando-se o resultado em alegoria do Brasil. A reserva de imagens e emoções próprias ao país patriarcal, rural e urbano é exposta à forma ou técnica mais avançada ou na moda mundial — música eletrônica, montagem eisensteiniana, cores e montagem do pop, prosa de *Finnegans Wake*, cena ao mesmo tempo crua e alegórica, atacando fisicamente a plateia. É nesta diferença interna que está o brilho peculiar, a marca de registro da imagem tropicalista.[4] O resultado da combinação é estridente como um segredo familiar trazido à rua, como uma traição de classe. É literalmente um disparate — é esta a primeira impressão — em cujo desacerto porém está figurado um abismo histórico real, a conjugação de etapas diferentes do desenvolvimento capitalista. São muitas as ambiguidades e tensões nesta construção. O veículo é moderno e o conteúdo é arcaico, mas o passado é nobre e o presente é comercial; por outro lado, o passado é iníquo e o presente é autêntico etc. Combinaram-se a política e uma espécie coletiva de exibicionismo social: a força artística lhe vem de citar sem conivência, como se viessem de Marte, o civismo e a moral que saíram à rua — mas com intimidade, pois Marte fica lá em casa — e vem também de uma espécie de delação amorosa, que traz aos olhos profanos de um público menos restrito os arcanos familiares e de classe. Noivas patéticas, semblantes senatoriais, frases de implacável dignidade, paixões de tango — sem a proteção da distância social e do prestígio de seu contexto, e gravadas nalguma matéria plástico-metálico-fosforescente e eletrônica, estas figuras refulgem estranhamente, e fica incerto se estão desamparadas ou são malignas, prontas para um fascismo qualquer. Aliás, este fundo de imagens tradicionais é muitas vezes representado através de seus decalques em radionovela, opereta, cassino e congêneres, o que dá um dos melhores efeitos do tropicalismo: o antigo e autêntico era ele mesmo tão faminto de efeito quanto o deboche comercial de nossos dias, com a diferença de estar fora de moda; é como se a um cavalheiro de cartola, que insistisse em sua superioridade moral, respondessem que hoje ninguém usa mais chapéu. Sistematizando: a crista da onda, que é, quanto à forma, onde os tropicalistas estão, ora alinha pelo esforço crítico, ora pelo sucesso do que seja mais recente nas grandes capitais. Esta indiferença, este valor absoluto do novo, faz que a distância histórica entre técnica e tema, fixada na imagem-tipo do tropicalismo, possa tanto exprimir ataque à reação quanto o triunfo dos netos citadinos sobre os avós interioranos, o mérito irrefutável de ter nascido depois e ler revistas estrangeiras. Sobre o fundo ambíguo da modernização, é incerta a divisa entre sensibilidade e oportunismo, entre crítica e integração. Uma ambiguidade análoga aparece na conjugação de crítica social violenta e comercialismo atirado, cujos resultados podem facilmente ser conformistas, mas podem também, quando ironizam o seu aspecto duvidoso, reter a figura mais íntima e dura das contradições da produção intelectual presente. Aliás, a julgar pela indignação da direita (o que não é tudo), o lado irreverente, escandaloso e comercial parece ter tido, entre nós, mais peso político que o lado político deliberado. Qual o lugar social do tropicalismo? Para apreciá-lo é necessária familiaridade — mais rara para algumas formas de arte e menos para outras — com a moda internacional. Esta familiaridade, sem a qual se perderia a distância, a noção de impropriedade diante da herança patriarcal, é monopólio de universitários e afins, que por meio dela podem falar uma linguagem exclusiva. Como já vimos, o tropicalismo submete um sistema de noções reservadas e prestigiosas a uma linguagem de outro circuito e outra data, operação de que deriva o seu alento desmistificador e esquerdista. Ora, também a segunda linguagem é reservada, embora a outro grupo. Não se passa do particular ao universal, mas de uma esfera a outra, verdade que politicamente muito mais avançada, que encontra aí uma forma de identificação. Mais ou menos, sabemos assim a quem fala este estilo; mas não sabemos ainda o que ele diz. Diante de uma imagem tropicalista, diante do disparate aparentemente surrealista que resulta da combinação que descrevemos, o espectador sintonizado lançará mão das frases da moda, que se aplicam: dirá que o Brasil é incrível, é a fossa, é o fim, o Brasil é demais. Por meio destas expressões, em que simpatia e desgosto estão indiscerníveis, filia-se ao grupo dos que têm o "senso" do caráter nacional. Por outro lado, este clima, esta essência imponderável do Brasil, é de construção simples, fácil de reconhecer ou produzir. Trata-se de um truque de linguagem, de uma fórmula para visão sofisticada, ao alcance de muitos. Qual o conteúdo deste esnobismo de massas? Qual o sentimento em que se reconhece e distingue a sensibilidade tropicalista? Entre parênteses, sendo simples uma fórmula não é necessariamente ruim. Como veremos adiante, o efeito tropicalista tem um fundamento histórico profundo e interessante; mas é também indicativo de uma posição de classe, como veremos agora. Voltando: por exemplo, no método Paulo Freire estão presentes o arcaísmo da consciência rural e a reflexão especializada de um alfabetizador; entretanto, a despeito desta conjunção, nada menos tropicalista do que o dito método. Por quê? Porque a oposição entre os seus termos não é insolúvel: pode haver alfabetização. Para a imagem tropicalista, pelo contrário, é essencial que a justaposição de antigo e novo — seja entre conteúdo e técnica, seja no interior do conteúdo — componha um *absurdo*, esteja em forma de aberração, a que se referem a melancolia e o humor deste estilo. Noutras palavras, para obter o seu efeito artístico e crítico o tropicalismo trabalha com a conjunção esdrúxula de arcaico e moderno que a contrarrevolução cristalizou, ou por outra ainda, com o *resultado* da anterior tentativa fracassada de modernização nacional. Houve um momento, pouco antes e pouco depois do golpe, em que ao menos para o cinema valia uma palavra de ordem cunhada por Glauber Rocha (que parece evoluir para longe dela): "Por uma estética da fome". A ela ligam-se alguns dos melhores filmes brasileiros, *Vidas secas*, *Deus e o diabo* e *Os fuzis* em particular. Reduzindo ao extremo, pode-se dizer que o impulso desta estética é revolucionário. O artista buscaria a sua força e modernidade na etapa presente da vida nacional, e guardaria quanta independência fosse possível em face do aparelho tecnológico e econômico, em última análise sempre orientado pelo inimigo. A direção tropicalista é inversa: registra, do ponto de vista da vanguarda e da moda internacionais, com seus pressupostos econômicos, como coisa aberrante, o atraso do país. No primeiro caso, a técnica é politicamente dimensionada. No segundo, o seu estágio internacional é o parâmetro aceito da infelicidade nacional: nós, os atualizados, os articulados com o circuito do capital, falhada a tentativa de modernização social feita de cima, reconhecemos que o absurdo é a alma do país e a nossa. A noção de uma "pobreza brasileira", que vitima igualmente a pobres e ricos — própria do tropicalismo —, resulta de uma generalização semelhante. Uns índios num descampado miserável, filmados em tecnicolor humorístico, uma cristaleira no meio da autoestrada asfaltada, uma festa grã-fina, afinal de contas provinciana —, em tudo estaria a mesma miséria. Esta noção de pobreza não é evidentemente a dos pobres, para quem falta de comida e de estilo não podem ser vexames equivalentes. Passemos entretanto à outra questão: qual o fundamento histórico da alegoria tropicalista? Respondendo, estaríamos explicando também o interesse verdadeiramente notável que estas imagens têm, que ressalta de modo ainda mais surpreendente se ocorre serem parte de uma obra medíocre. A coexistência do antigo e do novo é um fato geral (e sempre sugestivo) de todas as sociedades capitalistas e de muitas outras também. Entretanto, para os países colonizados e depois subdesenvolvidos, ela é central e tem força de emblema. Isto porque estes países foram incorporados ao mercado mundial — ao mundo moderno — na qualidade de econômica e socialmente atrasados, de fornecedores de matéria-prima e trabalho barato. A sua ligação ao novo se faz *através*, estruturalmente através de seu atraso social, que se reproduz em lugar de se extinguir.[5] Na composição insolúvel mas funcional dos dois termos, portanto, está figurado um destino nacional, que dura desde os inícios. Aliás, cultivando a *"latinoamericanidad"* — em que tenuemente ressoa o caráter continental da revolução —, o que no Brasil de fala portuguesa é raríssimo, os tropicalistas mostram que têm consciência do alcance de seu estilo. De fato, uma vez assimilado este seu modo de ver, o conjunto da América Latina *é* tropicalista. Por outro lado, a generalidade deste esquema é tal que abraça todos os países do continente em todas as suas etapas históricas — o que poderia parecer um defeito. O que dirá do Brasil de 1964 uma fórmula igualmente aplicável, por exemplo, ao século XIX argentino? Contudo, porque o tropicalismo é *alegórico*, a falta de especificação não lhe é fatal (seria, num estilo simbólico). Se no símbolo, esquematicamente, forma e conteúdo são in-

AS IDEIAS FORA DO LUGAR

dissociáveis, se o símbolo é "aparição sensível" e por assim dizer natural da ideia, na alegoria a relação entre a ideia e as imagens que devem suscitá-la é externa e do domínio da convenção. Significando uma ideia abstrata com que nada têm a ver, os elementos de uma alegoria não são transfigurados artisticamente: persistem na sua materialidade documental, são como que escolhos da história real, que é a sua profundidade.[6] Assim, é justamente no esforço de encontrar matéria sugestiva e *datada* — com a qual alegorizam a "ideia" intemporal de Brasil — que os tropicalistas têm o seu melhor resultado. Daí o caráter de inventário que têm filmes, peças e canções tropicalistas, que apresentam quanta matéria possam para que esta sofra o processo de ativação alegórica. Produzido o anacronismo — com seu efeito convencionalizado, de que isto seja Brasil —, os ready-mades do mundo patriarcal e do consumo imbecil põem-se a significar por conta própria, em estado indecoroso, não estetizado, sugerindo infinitamente as suas histórias abafadas, frustradas, que não chegaremos a conhecer. A imagem tropicalista encerra o passado na forma de males ativos ou ressuscitáveis, e sugere que são nosso destino, razão pela qual não cansamos de olhá-la. Creio que este esquema vigora mesmo quando a imagem é cômica à primeira vista.[7]

Comentando algumas casas posteriores a 1964, construídas por arquitetos avançados, um crítico observou que eram ruins de morar porque a sua matéria, principalmente o concreto aparente, era muito bruta, e porque o espaço estava excessivamente retalhado e racionalizado, sem proporção com as finalidades de uma casa particular. Nesta desproporção, entretanto, estaria a sua honestidade cultural, o seu testemunho histórico. Durante os anos desenvolvimentistas, ligada a Brasília e às esperanças do socialismo, havia maturado a consciência do sentido coletivista da produção arquitetônica. Ora, para quem pensara na construção racional e barata, em grande escala, no interior de um movimento de democratização nacional, para quem pensara no labirinto das implicações econômico-políticas entre tecnologia e imperialismo, o projeto para uma casa burguesa é inevitavelmente um anticlímax.[8] Cortada a perspectiva política da arquitetura, restava entretanto a formação intelectual que ela dera aos arquitetos, que iriam torturar o espaço, sobrecarregar de intenções e experimentos as casinhas que os amigos recém-casados, com algum dinheiro, às vezes lhes encomendavam. Fora de seu contexto adequado, realizando-se em esfera restrita e na forma de mercadoria, o racionalismo arquitetônico transforma-se em ostentação de bom gosto — incompatível com a sua direção profunda — ou em símbolo moralista e inconfortável da revolução que não houve. Este esquema, aliás, com mil variações embora, pode-se generalizar para o período. O processo cultural, que vinha extravasando as fronteiras de classe e o critério mercantil, foi represado em 1964. As soluções formais, frustrado o contato com os explorados, para o qual se orientavam, foram usadas em situação e para um público a que não se destinavam, mudando de sentido. De revolucionárias passaram a símbolo vendável da revolução. Foram triunfalmente acolhidas pelos estudantes e pelo público artístico em geral. As formas políticas, a sua atitude mais grossa, engraçada e didática, cheias do óbvio materialista que antes fora de mau-tom, transformavam-se em símbolo *moral* da política, e era este o seu conteúdo forte. O gesto didático, apesar de muitas vezes simplório e não ensinando nada além do evidente à sua plateia culta — que existe o imperialismo, que a justiça é de classe —, vibrava como *exemplo*, valorizava o que à cultura confinada não era permitido: o contato político com o povo. Formava-se assim um comércio ambíguo, que de um lado vendia indulgências afetivo-políticas à classe média, mas do outro consolidava a atmosfera ideológica de que falamos no início. A infinita repetição de argumentos conhecidos de todos — nada mais redundante, à primeira vista, que o teatro logo em seguida ao golpe — não era redundante: ensinava que as pessoas continuavam lá e não haviam mudado de opinião, que com jeito se poderia dizer muita coisa, que era possível correr um risco. Nestes espetáculos, a que não comparecia a sombra de um operário, a inteligência identificava-se com os oprimidos e reafirmava-se em dívida com eles, em quem via a sua esperança. Davam-se combates imaginários e vibrantes à desigualdade, à ditadura e aos Estados Unidos. Firmava-se a convicção de que vivo e poético, hoje, é o combate ao capital e ao imperialismo. Daí a importância dos gêneros públicos, de teatro, afiches, música popular, cinema e jornalismo, que transformavam este clima em comício e festa, enquanto a literatura propriamente saía do primeiro plano. Os próprios poetas sentiam assim. Num debate público recente, um acusava outro de não ter um verso capaz de levá-lo à cadeia. Esta procuração revolucionária que a cultura passava a si mesma e sustentou por algum tempo não ia naturalmente sem contradições. Algumas podem ser vistas na evolução teatral do período.

A primeira resposta do teatro ao golpe foi musical, o que já era um achado. No Rio de Janeiro, Augusto Boal — diretor do Teatro de Arena de São Paulo, o grupo que mais metódica e prontamente se reformulou — montava o show *Opinião*. Os cantores, dois de origem humilde e uma estudante de Copacabana, entremeavam a história de sua vida com canções que calhassem bem. Neste enredo, a música resultava principalmente como resumo, autêntico, de uma experiência social, como a *opinião* que todo cidadão tem o direito de formar e cantar, mesmo que a ditadura não queira. Identificavam-se assim para efeito ideológico a música popular — que é com o futebol a manifestação chegada ao coração brasileiro — e a democracia, o povo e a autenticidade, contra o regime dos militares. O sucesso foi retumbante. De maneira menos inventiva o mesmo esquema liberal, de resistência à ditadura, servia a outro grande sucesso, *Liberdade, liberdade*, no qual era apresentada uma antologia ocidental de textos libertários, de VI a.C. a XX d.C. Apesar do tom quase cívico destes dois espetáculos, de conclamação e encorajamento, era inevitável um certo mal-estar estético e político diante do total acordo que se produzia entre palco e plateia. A cena não estava adiante do público. Nenhum elemento da crítica ao populismo fora absorvido. A confirmação recíproca e o entusiasmo podiam ser importantes e oportunos então, entretanto era verdade também que a esquerda vinha de uma derrota, o que dava um traço indevido de complacência ao delírio do aplauso. Se o povo é corajoso e inteligente, por que saiu batido? E se foi batido, por que tanta congratulação? Como veremos, a falta de resposta política a esta questão viria a transformar-se em limite estético do Teatro de Arena. Redundante neste ponto, *Opinião* era novo noutros aspectos. Seu público era muito mais estudantil que o costumeiro, talvez por causa da música, e portanto mais politizado e inteligente. Daí em diante, graças também ao contato organizado com os grêmios escolares, esta passou a ser a composição normal da plateia do teatro de vanguarda. Em consequência, aumentou o fundo comum de cultura entre palco e espectadores, o que permitia alusividade e agilidade, principalmente em política, antes desconhecidas. Se em meio à suja tirada de um vilão repontavam as frases do último discurso presidencial, o teatro vinha abaixo de prazer. Essa cumplicidade tem, é certo, um lado fácil e tautológico; mas cria o espaço teatral — que no Brasil o teatro comercial não havia conhecido — para o argumento ativo, livre de literatice. De modo geral aliás, o conteúdo principal deste movimento terá sido uma transformação de forma, a alteração do

AS IDEIAS FORA DO LUGAR

lugar social do palco. Em continuidade com o teatro de agitação da fase Goulart, a cena e com ela a língua e a cultura foram despidas de sua elevação "essencial", cujo aspecto ideológico, de ornamento das classes dominantes, estava a nu. Subitamente, o bom teatro que durante anos discutira em português de escola o adultério, a liberdade, a angústia, parecia recuado de uma era. Estava feita uma espécie de revolução brechtiana, a que os ativistas da direita, no intuito de restaurar a dignidade das artes, responderam arrebentando cenários e equipamentos, espancando atrizes e atores. Sem espaço ritual, mas com imaginação — e também sem grande tradição de métier e sem atores velhos —, o teatro estava próximo dos estudantes; não havia abismo de idade, modo de viver ou formação que os separasse. Por sua vez, o movimento estudantil vivia o seu momento áureo, de vanguarda política do país. Esta combinação entre a cena "rebaixada" e um público ativista deu momentos teatrais extraordinários, e repunha na ordem do dia as questões do didatismo. Em lugar de oferecer aos estudantes a profundidade insondável de um texto belo ou de um grande ator, o teatro oferecia-lhes uma coleção de argumentos e comportamentos bem pensados, para imitação, crítica ou rejeição. A distância entre o especialista e o leigo diminuíra muito. Digredindo, é um exemplo de que a democratização, em arte, não passa por barateamento algum, nem pela inscrição das massas numa escola de arte dramática; passa por transformações sociais e de critério, que não deixam intocados os termos iniciais do problema. Voltando: nalguma parte Brecht recomenda aos atores que recolham e analisem os melhores gestos com que acaso deparem, para aperfeiçoá-los e devolvê-los ao povo, de onde vieram. A premissa deste argumento, em que a arte e vida estão conciliadas, é que o gesto exista no palco *assim como* fora dele, que a razão de seu acerto não esteja somente na forma teatral que o sustenta. O que é bom na vida aviva o palco, e vice-versa. Ora, se a forma artística deixa de ser o nervo exclusivo do conjunto, é que ela aceita os efeitos da estrutura social (ou de um movimento) — a que não mais se opõe no essencial — como equivalentes aos seus. Em consequência, há distensão formal, e a obra entra em acordo com o seu público; poderia diverti-lo e educá-lo, em lugar de desmenti-lo todo o tempo. Estas especulações, que derivam do idílio que Brecht imaginara para o teatro socialista na República Democrática Alemã, dão uma ideia do que se passava no Teatro de Arena, onde a conciliação era viabilizada pelo movimento estudantil ascendente. A pesquisa do que seja atraente, vigoroso e divertido, ou desprezível — para uso da nova geração — fez a simpatia extraordinária dos espetáculos do Arena desta fase. *Zumbi*, um musical em que se narra uma fuga e rebelião de escravos, é um bom exemplo. Não sendo cantores nem dançarinos, os atores tiveram que desenvolver uma dança e um canto ao alcance prático do leigo, que entretanto tivessem graça e interesse. Ao mesmo tempo impedia-se que as soluções encontradas aderissem ao amálgama singular de ator e personagem: cada personagem era feita por muitos atores, cada ator fazia muitas personagens, além do que a personagem principal era o coletivo. Assim, para que se pudessem retomar, para que o ator pudesse ora ser protagonista, ora massa, as caracterizações eram inteiramente objetivadas, isto é, socializadas, *imitáveis*. Os gestos poderiam ser postos e tirados, como um chapéu, e portanto adquiridos. O espetáculo era verdadeira pesquisa e oferenda das maneiras mais sedutoras de rolar e embolar no chão, de erguer um braço, de levantar depressa, de chamar, de mostrar decisão, mas também das maneiras mais ordinárias que têm as classes dominantes de mentir, de mandar em seus empregados ou de assinalar, mediante um movimento peculiar da bunda, a sua importância social. Entretanto, no centro de sua relação com o público

— o que só lhe acrescentou o sucesso — *Zumbi* repetia a tautologia de *Opinião*: a esquerda derrotada triunfava sem crítica, numa sala repleta, como se a derrota não fosse um defeito. *Opinião* produzira a unanimidade da plateia através da aliança simbólica entre música e povo, contra o regime. *Zumbi* tinha esquema análogo, embora mais complexo. À oposição entre escravos e senhores portugueses, exposta em cena, correspondia outra, constantemente sugerida, entre o povo brasileiro e a ditadura pró-imperialista. Este truque expositivo, que tem a sua graça própria, pois permite falar em público do que é proibido, combinava um antagonismo que hoje é apenas moral — a questão escrava — a um antagonismo político, e capitalizava para o segundo o entusiasmo descontraído que resulta do primeiro. Mais precisamente, o movimento ia nos dois sentidos, que têm valor desigual. Uma vez, a revolta escrava era referida à ditadura; outra, a ditadura era reencontrada na repressão àquela. Num caso o enredo é artifício para tratar de nosso tempo. A linguagem necessariamente oblíqua tem o valor de sua astúcia, que é política. Sua inadequação é a forma de uma resposta adequada à realidade policial. E a leviandade com que é tratado o material histórico — os anacronismos pululam — é uma virtude estética, pois assinala alegremente o procedimento usado e o assunto real em cena. No segundo caso, a luta entre escravos e senhores portugueses *seria, já*, a luta do povo contra o imperialismo. Em consequência apagam-se as distinções históricas — as quais não tinham importância se o escravo é artifício, mas têm agora, se ele é origem — e valoriza-se a inevitável banalidade do lugar-comum: o direito dos oprimidos, a crueldade dos opressores; depois de 1964, como ao tempo de Zumbi (século XVII), busca-se no Brasil a liberdade. Ora, o vago de tal perspectiva pesa sobre a linguagem, cênica e verbal, que resulta sem nervo político, orientada pela reação imediata e humanitária (não política portanto) diante do sofrimento. Onde Boal brinca de esconde-esconde, há política; onde faz política, há exortação. O resultado artístico do primeiro movimento é bom, o do segundo é ruim. Sua expressão formal acabada, esta dualidade vai encontrá-la no trabalho seguinte do Arena, o *Tiradentes*. Teorizando a respeito, Boal observava que o teatro hoje tanto deve criticar como entusiasmar. Em consequência, opera com o distanciamento e a identificação, com Brecht e Stanislavski. A oposição entre os dois, que na polêmica brechtiana tivera significado histórico e marcava a linha entre ideologia e teatro válido, é reduzida a uma questão de oportunidade dos estilos.[9] De fato, em *Tiradentes* a personagem principal — o mártir da independência brasileira, homem de origem humilde — é apresentada através de uma espécie de gigantismo naturalista, uma encarnação mítica do desejo de libertação nacional. Em contraste, as demais personagens, tanto seus companheiros de conspiração, homens de boa situação e pouco decididos, quanto os inimigos, são apresentadas com distanciamento humorístico, à maneira de Brecht. A intenção é de produzir uma imagem crítica das classes dominantes, e outra, essa empolgante, do homem que dá sua vida pela causa. O resultado entretanto é duvidoso: os abastados calculam politicamente, têm noção de seus interesses materiais, sua capacidade epigramática é formidável e sua presença em cena é bom teatro; já o mártir corre desvairadamente empós a liberdade, é desinteressado, um verdadeiro idealista cansativo, com rendimento teatral menor. O método brechtiano, em que a inteligência tem um papel grande, é aplicado aos inimigos do revolucionário; a este vai caber o método menos inteligente, o do entusiasmo. Politicamente, este impasse formal me parece corresponder a um momento ainda incompleto da crítica ao populismo. Qual a composição social e de interesses do movimento popular? Esta é a pergunta a que o populismo responde mal. Porque a composição das massas não é homogênea, parece-lhe que mais vale uni--las pelo entusiasmo que separá-las pela análise crítica de seus interesses. Entretanto, somente através desta crítica surgiriam os verdadeiros temas do teatro político: as alianças e os problemas de organização, que deslocam noções como sinceridade e entusiasmo para fora do campo do universalismo burguês. Por outro lado, isto não quer dizer que chegando a estes assuntos o teatro vá melhorar. Talvez nem seja possível encená-lo. É verdade também que os melhores momentos do Arena estiveram ligados à sua limitação ideológica, à simpatia incondicional pelo seu público jovem, cujo senso de justiça, cuja impaciência, que têm certamente valor político, fizeram indevidamente as vezes de interesse revolucionário puro e simples. Em fim de contas, é um desencontro comum em matéria artística: a experiência social empurra o artista para as formulações mais radicais e justas, que se tornam por assim dizer obrigatórias, sem que daí lhes venha, como a honra ao mérito, a primazia qualitativa.[10] Mas não procurá-las conduz à banalização.

Também à esquerda, mas nos antípodas do Arena, e ambíguo até a raiz do cabelo, desenvolvia-se o Teatro Oficina, dirigido por José Celso Martinez Corrêa. Se o Arena herdara da fase Goulart o impulso formal, o interesse pela luta de classes, pela revolução, e uma certa limitação populista, o Oficina ergueu-se a partir da experiência interior da desagregação burguesa em 1964. Em seu palco esta desagregação repete-se ritualmente, em forma de ofensa. Os seus espetáculos fizeram história, escândalo e enorme sucesso em São Paulo e Rio, onde foram os mais marcantes dos últimos anos. Ligavam-se ao público pela brutalização, e não como o Arena, pela simpatia; e seu recurso principal é o choque profanador, e não o didatismo. A oposição no interior do teatro engajado não podia ser mais completa. Sumariamente, José Celso argumentaria da forma seguinte: se em 1964 a pequena burguesia ficou com a direita ou não resistiu, enquanto a grande se aliava ao imperialismo, todo consentimento entre palco e plateia é um erro ideológico e estético.[11] É preciso massacrá-la. Ela, por outro lado, gosta de ser massacrada ou ver massacrar, e assegura ao Oficina o mais notável êxito comercial. É o problema deste teatro. Para compreendê-lo, convém lembrar que nesse mesmo tempo se discutiu muito a perspectiva do movimento estudantil: seria determinada por sua origem social, pequeno-burguesa, ou representa uma função social peculiar — em crise — com interesses mais radicais? O Arena adota esta segunda resposta, em que funda a sua relação política e positiva com a plateia; em decorrência, os seus problemas são novos, antecipando sobre o teatro numa sociedade revolucionária; mas têm também um traço de voto-pio, pois o suporte real desta experiência são os consumidores que estão na sala, pagando e rindo, em plena ditadura. O Oficina, que adotou na prática a primeira resposta, põe sinal negativo diante da plateia em bloco, sem distinções. Paradoxalmente, o seu êxito entre os estudantes, em especial entre aqueles a que o resíduo populista do Arena irritava, foi muito grande; estes não se identificavam com a plateia, mas com o agressor. De fato, a hostilidade do Oficina era uma resposta radical, mais radical que a outra, à derrota de 1964; mas não era uma resposta política. Em consequência, apesar da agressividade, o seu palco representa um passo atrás: é moral e interior à burguesia, reatou com a tradição pré-brechtiana, cujo espaço dramático é a consciência moral das classes dominantes. Dentro do recuo, entretanto, houve evolução, mesmo porque historicamente a repetição não existe: a crise burguesa, depois do banho de marxismo que a intelectualidade tomara, perdeu todo crédito, e é repetida como uma espécie de ritual abjeto, destinado a tirar ao público o gosto de viver. Cristalizou-se o sentido moral que teria, para a faixa de classe média tocada pelo socialismo, a reconversão ao horizonte burguês. Entre parênteses, esta crise tem já sua estabilidade, e alberga uma população considerável de instalados. Voltando, porém: com violência desconhecida — mas autorizada pela moda cênica internacional, pelo prestígio da chamada desagregação da cultura europeia, o que exemplifica as contradições do imperialismo neste campo — o Oficina atacava as ideias e imagens usuais da classe média, os seus instintos e sua pessoa física. O espectador da primeira fila era agarrado e sacudido pelos atores, que insistem para que ele "compre!". No corredor do teatro, a poucos centímetros do nariz do público, as atrizes disputam, estraçalham e comem um pedaço de fígado cru, que simboliza o coração de um cantor milionário da TV, que acaba de morrer. A pura noiva do cantor, depois de prostituir-se, é coroada rainha do rádio e da televisão; a sua figura, de manto e coroa, é a da Virgem etc. Auxiliado pelos efeitos de luz, o clima destas cenas é de revelação, e o silêncio na sala é absoluto. Por outro lado, é claro também o elaborado mau gosto, evidentemente intencional, de pasquim, destas construções "terríveis". Terríveis ou "terríveis"? Indignação moral ou imitação maligna? Imitação e indignação, levadas ao extremo, transformam-se uma na outra, uma guinada de grande efeito teatral, em que se encerra e expõe com força artística uma posição política. A plateia, por sua vez, choca-se três, quatro, cinco vezes com a operação, e em seguida fica deslumbrada, pois não esperava tanto virtuosismo onde supusera uma crise. Este jogo, em que a última palavra é sempre do palco, esta corrida no interior de um círculo de posições insustentáveis, é talvez a experiência principal proporcionada pelo Oficina. De maneira variada, ela se repete e deve ser analisada. Nos exemplos que dei, combinam-se dois elementos de alcance e lógica artística diferentes. Tematicamente são imagens de um naturalismo de choque, caricato e moralista: dinheiro, sexo, e nada mais. Estão ligadas contudo a uma ação direta sobre o público. Este segundo elemento não se esgota na intenção explícita com que foi usado, de romper a carapaça da plateia, para que a crítica a possa atingir efetivamente. Seu alcance cultural é muito maior, e difícil de medir por enquanto. Tocando o espectador, os atores não desrespeitam somente a linha entre palco e plateia, como também a distância física que é de regra entre estranhos, e sem a qual não subsiste a nossa noção de individualidade. A colossal excitação e o mal-estar que se apossam da sala vêm, aqui, do risco de generalização: e se todos se tocassem? Também nos outros dois exemplos violam-se tabus. Por sua lógica, a qual vem sendo desenvolvida, ao que parece, pelo Living Theater, estes experimentos seriam *libertários*, e fazem parte de um movimento novo, em que imaginação e prática, iniciativa artística e reação do público estão consteladas de maneira também nova. No Oficina, contudo, são usados como *insulto*. O espectador é tocado para que mostre o seu medo, não seu desejo. É fixada a sua fraqueza, e não o seu impulso. Se acaso não ficar intimidado e tocar uma atriz, por sua vez, causa desarranjo na cena, que não está preparada para isto. Ao que pude observar, passa-se o seguinte: parte da plateia identifica-se ao agressor, às expensas do agredido. Se alguém, depois de agarrado, sai da sala, a satisfação dos que ficam é enorme. A dessolidarização diante do massacre, a deslealdade criada no interior da plateia são absolutas, e repetem o movimento iniciado pelo palco. Origina-se uma espécie de competição, uma espiral de dureza em face dos choques sempre renovados, em que a própria intenção política e libertária que um choque possa ter se perde e se inverte. As situações não valem por si, mas como parte de uma prova geral de força, cujo ideal está na capacidade indefinida de se desidentificar e de identificar-se ao agressor coletivo. É disto que se trata, mais talvez que da superação de preconceitos. Por seu conteúdo, este movimento é desmoralizante ao extremo; mas como estamos no teatro, ele é também imagem, donde a sua força crítica. O que nele se figura, critica e exercita é o cinismo da cultura burguesa diante de si mesma. Sua base formal, aqui, é a sistematização do choque, o qual de recurso passou a princípio construtivo. Ora, a despeito e por causa de sua intenção predatória, o choque sistematizado tem compromisso essencial com a ordem estabelecida na cabeça de seu público, o que é justamente o seu paradoxo como forma artística. Não tem linguagem própria, tem que emprestá-la sempre de sua vítima, cuja estupidez é a carga de explosivo com que ele opera. Como forma, no caso, o choque responde à desesperada necessidade de agir, de agir diretamente sobre o público; é uma espécie de tiro cultural. Em consequência, os seus problemas são do domínio da manipulação psicológica, da eficácia — a comunicação é procurada, como na publicidade, pela titilação de molas secretas —, problemas que não são artísticos *no essencial*. Quem quer chocar não fala ao vento, a quem entretanto todo artista fala um pouco. E quem faz política não quer chocar... Em suma, a distância entre palco e plateia está franqueada, mas numa só direção. Esta desigualdade, que é uma deslealdade mais ou menos consentida, não mais corresponde a qualquer prestígio absoluto de teatro e cultura, nem por outro lado a uma relação propriamente política. Instalando-se no descampado que é hoje a ideologia burguesa, o Oficina inventa e explora jogos apropriados ao terreno, torna habitável, nauseabundo e divertido o espaço do niilismo pós-1964. Como então afirmar que este teatro conta à esquerda? É conhecido o "pessimismo de olé" da República de Weimar, o *Jucheepessimismus*, que ao enterrar o liberalismo teria prenunciado e favorecido o fascismo. Hoje, dado o panorama mundial, a situação talvez esteja invertida. Ao menos entre intelectuais, em terra de liberalismo calcinado parece que nasce ou nada ou vegetação de esquerda. O Oficina foi certamente parte nesta campanha pela terra arrasada.

Em seu conjunto, o movimento cultural destes anos é uma espécie de floração tardia, o fruto de dois decênios de democratização, que veio amadurecer agora, em plena ditadura, quando as suas condições sociais já não existem, contemporâneo dos primeiros ensaios de luta armada no país. À direita cumpre a tarefa inglória de lhe cortar a cabeça: os seus melhores cantores e músicos estiveram presos e estão no exílio, os cineastas brasileiros filmam na Europa e na África, professores e cientistas vão embora, quando não vão para a cadeia. Mas também à esquerda a sua situação é complicada, pois, se é próprio do movimento cultural contestar o poder, não tem como tomá-lo. De que serve a hegemonia ideológica se não se traduz em força física imediata? Ainda mais agora, quando é violentíssima a repressão tombando sobre os militantes. Se acrescentarmos a enorme difusão da ideologia guerreira e voluntarista, começada com a guerrilha boliviana, compreende-se que seja baixo o prestígio da escrivaninha. Pressionada pela direita e pela esquerda, a intelectualidade entra em crise aguda. O tema dos romances e filmes políticos do período é, justamente, a conversão do intelectual à militância.[12] Se a sua atividade, tal como historicamente se definiu no país, não é mais possível, o que lhe resta senão passar à luta diretamente política? Nos meses que se passaram entre as primeiras linhas deste panorama e a sua conclusão, o expurgo universitário prosseguiu, e foi criada a censura prévia de livros, a fim de obstar à pornografia. A primeira publicação enquadrada foi a última em que ainda se manifestava, muito seletiva e dubiamente, o espírito crítico no país: o semanário O Pasquim.[13] Noutras palavras, a impregnação política e nacional da cultura, que é uma parte grande da sua importância, deverá ceder o passo a outras orientações. Em consequência, ouve-se dizer que a universidade acabou, cinema e teatro idem, fala-se em demissão coletiva de professores etc. Estas expressões, que atestam a coerência pessoal de quem as utiliza, contêm um erro de fato: as ditas instituições continuam, embora muito controladas. E mais, é pouco provável que por agora o governo consiga transformá--las substancialmente. O que a cada desaperto policial se viu, em escala nacional, de 1964 até agora, foi a maré fantástica da insatisfação popular; calado à força, o país está igual, onde Goulart o deixara, agitável como nunca. A mesma permanência talvez valha para a cultura, cujas molas profundas são difíceis de trocar. De fato, a curto prazo a opressão policial nada pode além de paralisar, pois não se fabrica um passado novo de um dia para o outro. Que chance têm os militares de tornar ideolo-gicamente ativas as suas posições? Os pró-americanos, que estão no poder, nenhuma; a subordinação não ins-pira o canto, e mesmo se conseguem dar uma solução de momento à economia, é ao preço de não transfor-marem o país socialmente; nestas condições, de miséria numerosa e visível, a ideologia do consumo será sempre um escárnio. A incógnita estaria com os militares nacio-nalistas, que, para fazerem frente aos Estados Unidos, teriam que levar a cabo alguma reforma que lhes desse apoio popular, como no Peru. É onde aposta o PC. Por outro lado, os militares peruanos parecem não apreciar o movimento de massas... Existe contudo uma presença cultural mais simples, de efeito ideológico imediato, que é a presença física. É um fato social talvez importante que os militares estejam entrando em massa para a vida civil, ocupando cargos na administração pública e pri-vada. Na província começam a entrar também para o ensino universitário, em disciplinas técnicas. Esta pre-sença difusa dos representantes da ordem altera o clima cotidiano da reflexão. Onde anteriormente o intelectual conversava e pensava durante anos, sem sofrer o confronto da autoridade, a qual só de raro em raro o tornava responsável por sua opinião, e só a partir de seus efeitos, hoje é provável que um de seus colegas seja militar. A longo prazo esta situação leva os problemas da vida civil para dentro das forças armadas. De imediato, porém, traz a autoridade destas para dentro do dia a dia. Nestas circunstâncias, uma fração da intelectualidade contrária à ditadura, ao imperialismo e ao capital vai dedicar-se à revolução, e a parte restante, sem mudar de opinião, fecha a boca, trabalha, luta em esfera restrita e espera por tempos melhores. Naturalmente há defecções, como em abril de 1964, quando o empuxo teórico do golpe levou um batalhão de marxistas acadêmicos a converter-se ao estruturalismo. Um caso interessante de adesão artística à ditadura é o de Nelson Rodrigues, um dramaturgo de grande reputação. Desde meados de 1968 este escritor escreve diariamente uma crônica em dois grandes jornais de São Paulo e Rio, em que ataca o clero avançado, o movimento estudantil e a intelectualidade de esquerda. Vale a pena mencioná-lo, pois, tendo recursos literários e uma certa audácia moral, paga integral e explicitamente — em abjeção — o preço que hoje o capital cobra de seus lacaios literários. Quando começou a série, é fato que produzia suspense na cidade: qual a canalhice que Nelson Rodrigues teria inventado para esta tarde? Seu recurso principal é a estilização da calúnia. Por exemplo, vai à meia-noite a um terreno baldio, ao encontro de uma cabra e de um padre de esquerda, o qual nesta oportunidade lhe revela as razões verdadeiras e inconfessáveis de sua participação política; e conta-lhe também que d. Helder suporta mal o inalcançável prestígio de Cristo. Noutra crônica, afirma de um conhecido adversário católico da ditadura que não pode tirar o sapato. Por quê? Porque apareceria o seu pé de cabra etc. A finalidade cafajeste da fabulação não é escondida, pelo contrário, é nela que está a comicidade do recurso. Entretanto, se é transformada em método e voltada sempre contra os mesmos adversários — contra os quais a polícia também investe —, a imaginação abertamente mentirosa e mal-intencionada deixa de ser uma blague, e opera a liquidação, o suicídio da literatura: como ninguém acredita nas razões da direita, mesmo estando com ela, é desnecessário argumentar e convencer. Há uma certa adequação formal, há verdade sociológica nesta malversação de recursos literários: ela registra, com vivacidade, o vale-tudo em que entrou a ordem burguesa no Brasil.

Falamos longamente da cultura brasileira. Entretanto, com regularidade e amplitude, ela não atingirá 50 mil pessoas, num país de 90 milhões. É certo que não lhe cabe a culpa do imperialismo e da sociedade de classes. Contudo, sendo uma linguagem exclusiva, é certo também que, sob este aspecto ao menos, contribui para a consolidação do privilégio. Por razões históricas, de que tentamos um esboço, ela chegou a refletir a situação dos que ela exclui, e tomou o seu partido. Tornou-se um abcesso no interior das classes dominantes. É claro que na base de sua audácia estava a sua impunidade. Não obstante, houve audácia, a qual, convergindo com a movimentação populista num momento, e com a resistência popular à ditadura noutro, produziu a cristalização de uma nova concepção do país. Agora, quando o Estado burguês — que nem o analfabetismo conseguiu reduzir, que não organizou escolas passáveis, que não generalizou o acesso à cultura, que impediu o contato entre os vários setores da população — cancela as próprias liberdades civis, que são o elemento vital de sua cultura, esta vê nas forças que tentam derrubá-lo a sua esperança. Em decorrência, a produção cultural submete-se ao infravermelho da luta de classes, cujo resultado não é lisonjeiro. A cultura é aliada natural da revolução, mas esta não será feita para ela e muito menos para os intelectuais. É feita, primariamente, a fim de expropriar os meios de produção e garantir trabalho e sobrevivência digna aos milhões e milhões de homens que vivem na miséria. Que interesse terá a revolução nos intelectuais de esquerda, que eram muito mais anticapitalistas de elite que propriamente socialistas? Deverão transformar-se, reformular as suas razões, que entretanto haviam feito deles aliados dela. A história não é uma velhinha benigna. Uma figura tradicional da literatura brasileira deste século é o "fazendeiro do ar":[14] o homem que vem da propriedade rural para a cidade, onde recorda, analisa e critica, em prosa e verso, o contato com a terra, com a família, com a tradição e com o povo, que o latifúndio lhe possibilitara. É a literatura da decadência rural. Em *Quarup*, o romance ideologicamente mais representativo para a intelectualidade de esquerda recente, o itinerário é o oposto: um intelectual, no caso um padre, viaja geográfica e socialmente o país, despe-se de sua profissão e posição social, à procura do povo, em cuja luta irá se integrar — com sabedoria literária — num capítulo posterior ao último do livro.

As ideias fora do lugar

Toda ciência tem princípios, de que deriva o seu sistema. Um dos princípios da economia política é o trabalho livre. Ora, no Brasil domina o fato "impolítico e abominável" da escravidão.

Este argumento — resumo de um panfleto liberal, contemporâneo de Machado de Assis[1] — põe fora o Brasil do sistema da ciência. Estávamos aquém da realidade a que esta se refere; éramos antes um fato moral, "impolítico e abominável". Grande degradação, considerando-se que a ciência eram as Luzes, o Progresso, a Humanidade etc. Para as artes, Nabuco expressa um sentimento comparável quando protesta contra o assunto escravo no teatro de Alencar: "Se isso ofende o estrangeiro, como não humilha o brasileiro!".[2] Outros autores naturalmente fizeram o raciocínio inverso. Uma vez que não se referem à nossa realidade, ciência econômica e demais ideologias liberais é que são, elas sim, abomináveis, impolíticas e estrangeiras, além de vulneráveis. "Antes bons negros da costa da África para felicidade sua e nossa, a despeito de toda a mórbida filantropia britânica, que, esquecida de sua própria casa, deixa morrer de fome o pobre irmão branco, escravo sem senhor que dele se compadeça, e hipócrita ou estólida chora, exposta ao ridículo da verdadeira filantropia, o fado de nosso escravo feliz."[3] Cada um a seu modo, estes autores refletem a disparidade entre a sociedade brasileira, escravista, e as ideias do liberalismo europeu. Envergonhando a uns, irritando a outros, que insistem na sua hipocrisia, estas ideias — em que gregos e troianos não reconhecem o Brasil — são referência para todos. Sumariamente está montada uma comédia ideológica, *diferente da europeia*. É claro que a liberdade do trabalho, a igualdade perante a lei e, de modo geral, o universalismo eram ideologia na Europa também; mas lá correspondiam às aparências, encobrindo o essencial — a exploração do trabalho. Entre nós, as mesmas ideias seriam falsas num sentido diverso, por assim dizer original. A Declaração dos Direitos do Homem, por exemplo, transcrita em parte na Constituição Brasileira de 1824, não só não escondia nada, como tomava mais abjeto o instituto da escravidão.[4] A mesma coisa para a professada universalidade dos princípios, que transformava em escândalo a prática geral do *favor*. Que valiam, nestas circunstâncias, as grandes abstrações burguesas que usávamos tanto? Não descreviam a existência — mas nem só disso vivem as ideias. Refletindo em direção parecida, Sérgio Buarque observa: "Trazendo de países distantes nossas formas de vida, nossas instituições e nossa visão do mundo e timbrando em manter tudo isso em ambiente muitas vezes desfavorável e hostil, somos uns desterrados em nossa terra".[5] Essa impropriedade de nosso pensamento, que não é acaso, como se verá, foi de fato uma presença assídua, atravessando e desequilibrando, até no detalhe, a vida ideológica do Segundo Reinado. Frequentemente inflada, ou rasteira, ridícula ou crua, e só raramente justa no tom, a prosa literária do tempo é uma das muitas testemunhas disso.

Embora sejam lugar-comum em nossa historiografia, as razões desse quadro foram pouco estudadas em seus efeitos. Como é sabido, éramos um país agrário e independente, dividido em latifúndios, cuja produção dependia do trabalho escravo por um lado, e por outro do mercado externo. Mais ou menos diretamente, vêm daí as singularidades que expusemos. Era inevitável, por exemplo, a presença entre nós do raciocínio econômico burguês — a prioridade do lucro, com seus corolários sociais — uma vez que dominava no comércio internacional, para onde a nossa economia era voltada. A prática permanente das transações escolava, neste sentido, quando menos uma pequena multidão. Além do quê, havíamos feito a Independência havia pouco, em nome de ideias francesas, inglesas e americanas, variadamente liberais, que assim faziam parte de nossa identidade nacional. Por outro lado, com igual fatalidade, este conjunto ideológico iria chocar-se contra a escravidão e seus defensores, e o que é mais, viver com eles.[6] No plano das convicções, a incompatibilidade é clara, e já vimos exemplos. Mas também no plano prático ela se fazia sentir. Sendo uma propriedade, um escravo pode ser vendido, mas não despedido. O trabalhador livre, nesse ponto, dá mais liberdade a seu patrão, além de imobilizar menos capital. Este aspecto — um entre muitos — indica o limite que a escravatura opunha à racionalização produtiva. Comentando o que vira numa fazenda, um viajante escreve: "não há especialização do trabalho, porque se procura economizar a mão de obra". Ao citar a passagem, F. H. Cardoso observa que "economia" não se destina aqui, pelo contexto, a fazer o trabalho num mínimo de tempo, mas num máximo. É preciso espichá-lo, a fim de encher e disciplinar o dia do escravo. O oposto exato do que era moderno fazer. Fundada na violência e na disciplina militar, a produção escravista dependia da autoridade, mais que da eficácia.[7] O estudo racional do processo produtivo, assim como a sua modernização continuada, com todo o prestígio que lhes advinha da revolução que ocasionavam na Europa, eram sem propósito no Brasil. Para complicar ainda o quadro, considere-se que o latifúndio escravista havia sido na origem um empreendimento do capital comercial, e que portanto o lucro fora desde sempre o seu pivô. Ora, o lucro como prioridade subjetiva é comum às formas antiquadas do capital e às mais modernas. De sorte que os incultos e abomináveis escravistas até certa data — quando esta forma de produção veio a ser menos rentável que o trabalho assalariado — foram no essencial capitalistas mais consequentes do que nossos defensores de Adam Smith, que no capitalismo achavam antes que tudo a liberdade. Está-se vendo que para a vida intelectual o nó estava armado. Em matéria de racionalidade, os papéis se embaralhavam e trocavam normalmente: a ciência era fantasia e moral, o obscurantismo era realismo e responsabilidade, a técnica não era prática, o altruísmo implantava a mais-valia etc. E, de maneira geral, na ausência do interesse organizado da escravaria, o confronto entre humanidade e inumanidade, por justo que fosse, acabava encontrando uma tradução mais rasteira no conflito entre dois modos de empregar os capitais — do qual era a imagem que convinha a uma das partes.[8]

Impugnada a todo instante pela escravidão, a ideologia liberal, que era a das jovens nações emancipadas da América, descarrilhava. Seria fácil deduzir o sistema de seus contrassensos, todos verdadeiros, muitos dos quais agitaram a consciência teórica e moral de nosso século XIX. Já vimos uma coleção deles. No entanto, estas dificuldades permaneciam curiosamente inessenciais. O teste da realidade não parecia importante. É como se coerência e generalidade não pesassem muito, ou como se a esfera da cultura ocupasse uma posição alterada, cujos critérios fossem outros — mas outros em relação a quê? Por sua mera presença, a escravidão indicava a impropriedade das ideias liberais; o que entretanto é menos que orientar-lhes o movimento. Sendo embora a relação produtiva fundamental, a escravidão não era o nexo efetivo da vida ideológica. A chave desta era diversa. Para descrevê-la é preciso retomar o país como todo. Esquematizando, pode-se dizer que a colonização produziu, com base no monopólio da terra, três classes de população: o latifundiário, o escravo e o "homem livre", na verdade dependente. Entre os primeiros dois a relação é clara; é a multidão dos terceiros que nos interessa. Nem proprietários nem proletários, seu acesso à vida social e a seus bens depende materialmente do *favor*, indireto ou direto, de um grande.[9] O agregado é a sua caricatura. O favor é, portanto, o mecanismo através do qual se reproduz uma das grandes classes da sociedade, envolvendo também outra, a dos que têm. Note-se ainda que entre estas duas classes é que irá acontecer a vida ideológica, regida, em consequência, por este mesmo mecanismo.[10] Assim, com mil formas e nomes, o favor atravessou e afetou no conjunto a existência nacional, ressalvada sempre a relação produtiva de base, esta assegurada pela força. Esteve presente por toda parte, combinando-se às mais variadas atividades, mais e menos afins dele, como administração, política, indústria, comércio, vida urbana, Corte etc. Mesmo profissões liberais, como a medicina, ou qualificações operárias, como a tipografia, que, na acepção europeia, não deviam nada a ninguém, entre nós eram governadas por ele. E assim como o profissional dependia do favor para o exercício de sua profissão, o pequeno proprietário depende dele para a segurança de sua propriedade, e o funcionário para o seu posto. *O favor é a nossa mediação quase universal* — e sendo mais simpático do que o nexo escravista, a outra relação que a colônia nos legara, é compreensível que os escritores tenham baseado nele a sua interpretação do Brasil, involuntariamente disfarçando a violência, que sempre reinou na esfera da produção.

O escravismo desmente as ideias liberais; mais insidiosamente o favor, tão incompatível com elas quanto o primeiro, as absorve e desloca, originando um padrão particular. O elemento de arbítrio, o jogo fluido de estima e autoestima a que o favor submete o interesse material, não podem ser integralmente racionalizados. Na Europa, ao atacá-los, o universalismo visara o privilégio feudal. No processo de sua afirmação histórica, a civilização burguesa postulara a autonomia da pessoa, a universalidade da lei, a cultura desinteressada, a remuneração objetiva, a ética do trabalho etc. — contra as prerrogativas do *Ancien Régime*. O favor, ponto por ponto, pratica a dependência da pessoa, a exceção à regra, a cultura interessada, remuneração e serviços pessoais. Entretanto, não estávamos para a Europa como o feudalismo para o capitalismo, pelo contrário, éramos seus tributários em toda linha, além de não termos sido propriamente feudais — a colonização é um feito do capital comercial. No fastígio em que estava ela, Europa, e na posição relativa em que estávamos nós, ninguém no Brasil teria a ideia e principalmente a força de ser, digamos, um Kant do favor, para bater-se contra o outro.[11] De modo que o confronto entre esses princípios tão antagônicos resultava desigual: no campo dos argumentos prevaleciam com facilidade, ou melhor, adotávamos sofregamente os que a burguesia europeia tinha elaborado contra arbítrio e escravidão; enquanto na prática, geralmente dos próprios debatedores, sustentado pelo latifúndio, o favor reafirmava sem descanso os sentimentos e as noções que implica. O mesmo se passa no plano das instituições, por exemplo com burocracia e justiça, que, embora regidas pelo clientelismo, proclamavam as formas e teorias do estado burguês moderno. Além dos naturais debates, este antagonismo produziu, portanto, uma coexistência estabilizada — que interessa estudar. Aí a novidade: *adotadas as ideias e razões europeias, elas podiam servir e muitas vezes serviram de justificação, nominalmente "objetiva", para o momento de arbítrio que é da natureza do favor.* Sem prejuízo de existir, o antagonismo se desfaz em fumaça e os incompatíveis saem de mãos dadas. Esta recomposição é capital. Seus efeitos são muitos, e levam longe em nossa literatura. De ideologia que havia sido — isto é, engano involuntário e bem fundado nas aparências — o liberalismo passa, na falta de outro termo, a penhor intencional duma variedade de prestígios com que nada tem a ver. Ao legitimar o arbítrio por meio de alguma razão "racional", o favorecido conscientemente engrandece a si e ao seu benfeitor, que por sua vez não vê, nessa era de hegemonia das razões, motivo para desmenti-lo. Nestas condições, quem acreditava na justificação? A que aparência correspondia? Mas justamente, não era este o problema, pois todos reconheciam — e isto sim era importante — a intenção louvável, seja do agradecimento, seja do favor. A compensação simbólica podia ser um pouco desafinada, mas não era mal-agradecida. Ou por outra, seria desafinada em relação ao Liberalismo, que era secundário, e justa em relação ao favor, que era principal. E nada melhor, para dar lustre às pessoas e à sociedade que formam, do que as ideias mais ilustres do tempo, no caso as europeias. Neste contexto, portanto, as ideologias não descrevem sequer falsamente a realidade, e não gravitam segundo uma lei que lhes seja própria — por isso as chamamos de segundo grau. Sua regra é outra, diversa da que denominam; é da ordem do relevo social, em detrimento de sua intenção cognitiva e de sistema. Deriva sossegadamente do óbvio, sabido de todos — da inevitável "superioridade" da Europa — e liga-se ao momento expressivo, de autoestima e fantasia, que existe no favor. Neste sentido dizíamos que o teste da realidade e da coerência não parecia, aqui, decisivo, sem prejuízo de estar sempre presente como exigência reconhecida, evocada ou suspensa conforme a circunstância. Assim, com método, atribui-se independência à dependência, utilidade ao capricho, universalidade às exceções, mérito ao parentesco, igualdade ao privilégio etc. Combinando-se à prática de que, em princípio, seria a crítica, o Liberalismo fazia com que o pensamento perdesse o pé. Retenha-se no entanto, para analisarmos depois, a complexidade desse passo: ao tornarem-se despropósito, estas ideias deixam também de enganar.

É claro que esta combinação foi uma entre outras. Para o nosso clima ideológico, entretanto, foi decisiva, além de ser aquela em que os problemas se configuram da maneira mais completa e diferente. Por agora bastem alguns aspectos. Vimos que nela as ideias da burguesia — cuja grandeza sóbria remonta ao espírito público e racionalista da Ilustração — tomam função de... ornato e marca de fidalguia: atestam e festejam a participação numa esfera augusta, no caso a da Europa que se... industrializa. O quiproquó das ideias não podia ser maior. A novidade no caso não está no caráter ornamental de saber e cultura, que é da tradição colonial e ibérica; está na dissonância propriamente incrível que ocasionam o saber e a cultura de tipo "moderno" quando postos neste contexto. São inúteis como um berloque? São brilhantes como uma comenda? Serão a nossa panaceia? Envergonham-nos diante do mundo? O mais certo é que nas idas e vindas de argumento e interesse todos estes aspectos tivessem ocasião de se manifestar, de maneira que na consciência dos mais atentos deviam estar ligados e misturados. Inextricavelmente, a vida ideológica degradava e condecorava os seus participantes, entre os quais muitas vezes haveria clareza disso. Tratava-se, portanto, de uma combinação instável, que facilmente degenerava em hostilidade e crítica as mais acerbas. Para manter-se precisa de cumplicidade permanente, cumplicidade que a prática do favor tende a garantir. No momento da prestação e da contraprestação — particularmente no instante-chave do reconhecimento recíproco — a nenhuma das partes interessa denunciar a outra, tendo embora a todo instante os elementos necessários para fazê-lo. Esta cumplicidade sempre renovada tem continuidades sociais mais profundas, que lhe dão peso de classe: no contexto brasileiro, o favor assegurava às duas partes, em especial à mais fraca, que nenhuma é escrava. Mesmo o mais miserável dos favorecidos via reconhecida nele, no favor, a sua livre pessoa, o que transformava prestação e contraprestação, por modestas que fossem, numa cerimônia de superioridade social, valiosa em si mesma. Lastreado pelo infinito de dureza e degradação que esconjurava — ou seja, pela escravidão, de que as duas partes se beneficiam e timbram em se diferençar — este reconhecimento é de uma conivência sem fundo, multiplicada, ainda, pela adoção do vocabulário burguês da igualdade, do mérito, do trabalho, da razão. Machado de Assis será mestre nestes meandros. Contudo veja-se também outro lado. Imersos que estamos, ainda hoje, no universo do Capital, que não chegou a tomar forma clássica no Brasil, tendemos a ver esta combinação como inteiramente desvantajosa para nós, composta só de defeitos. Vantagens não há de ter tido; mas para apreciar devidamente a sua complexidade considere-se que as ideias da burguesia, a princípio voltadas contra o privilégio, a partir de 1848 haviam se tornado apologética: a vaga das lutas sociais na Europa mostrara que a universalidade disfarça antagonismos de classe.[12] Portanto, para bem lhe reter o timbre ideológico é preciso considerar que o nosso discurso impróprio era oco também quando usado propriamente. Note-se, de passagem, que este padrão iria repetir-se no século xx, quando por várias vezes juramos, crentes de nossa modernidade, segundo as ideologias mais rotas da cena mundial. Para a literatura, como veremos, resulta daí um labirinto singular, uma espécie de oco dentro do oco. Ainda aqui, Machado será o mestre.

Em suma, se insistimos no viés que escravismo e favor introduziram nas ideias do tempo, não foi para as descartar, mas para descrevê-las enquanto enviesadas — fora de centro em relação à exigência que elas mesmas propunham, e reconhecivelmente nossas, nessa mesma qualidade. Assim, posto de parte o raciocínio sobre as causas, resta na experiência aquele "desconcerto" que foi o nosso ponto de partida: a sensação que o Brasil dá de dualismo e factício — contrastes rebarbativos, desproporções, disparates, anacronismos, contradições, conciliações e o que for — combinações que o modernismo, o tropicalismo e a economia política nos ensinaram a considerar.[13] Não faltam exemplos. Vejam-se alguns, menos para analisá-los que para indicar a ubiquidade do quadro e a variação de que é capaz. Nas revistas do tempo, sendo grave ou risonha, a apresentação do número inicial é composta para baixo e falsete: na primeira parte, afirma-se o propósito redentor da imprensa, na tradição de combate da Ilustração; a grande seita fundada por Gutenberg afronta a indiferença geral, nas alturas o condor e a mocidade entreveem o futuro, ao mesmo tempo que repelem o passado e os preconceitos, enquanto a tocha regeneradora do Jornal desfaz as trevas da corrupção. Na segunda parte, conformando-se às circunstâncias, as revistas declaram a sua disposição cordata, de "dar a todas as classes em geral e particularmente à honestidade das famílias, um meio de deleitável instrução e de ameno recreio". A intenção emancipadora casa-se com charadas, união nacional, figurinos, conhecimentos gerais e folhetins.[14] Caricatura desta sequência são os versinhos que servem de epígrafe à *Marmota na Corte:* "Eis a Marmota/ Bem variada/ P'ra ser de todos/ Sempre estimada.// Fala a verdade,/ Diz o que sente,/ Ama e respeita/ A toda gente". Se, noutro campo, raspamos um pouco os nossos muros, mesmo efeito de coisa compósita:

> A transformação arquitetônica era superficial. Sobre as paredes de terra, erguidas por escravos, pregavam-se papéis decorativos europeus ou aplicavam-se pinturas, de forma a criar a ilusão de um ambiente novo, como os interiores das residências dos países em industrializa-

AS IDEIAS FORA DO LUGAR

ção. Em certos exemplos, o fingimento atingia o absurdo: pintavam-se motivos arquitetônicos greco-romanos — pilastras, arquitraves, colunatas, frisas etc. — com perfeição de perspectiva e sombreamento, sugerindo uma ambientação neoclássica jamais realizável com as técnicas e materiais disponíveis no local. Em outros, pintavam-se janelas nas paredes, com vistas sobre ambientes do Rio de Janeiro, ou da Europa, sugerindo um exterior longínquo, certamente diverso do real, das senzalas, escravos e terreiros de serviço.[15]

O trecho refere-se a casas rurais na província de São Paulo, segunda metade do século XIX. Quanto à corte:

> A transformação atendia à mudança dos costumes, que incluíam agora o uso de objetos mais refinados, de cristais, louças e porcelanas, e formas de comportamento cerimonial, como maneiras formais de servir à mesa. Ao mesmo tempo conferia ao conjunto, que procurava reproduzir a vida das residências europeias, uma aparência de veracidade. Desse modo, os estratos sociais que mais benefícios tiravam de um sistema econômico baseado na escravidão e destinado exclusivamente à produção agrícola procuravam criar, para seu uso, artificialmente, ambientes com características urbanas e europeias, cuja operação exigia o afastamento dos escravos e onde tudo ou quase tudo era produto de importação.[16]

Ao vivo esta comédia está nos notáveis capítulos iniciais do *Quincas Borba*. Rubião, herdeiro recente, é constrangido a trocar o seu escravo crioulo por um cozinheiro francês e um criado espanhol, perto dos quais não fica à vontade. Além de ouro e prata, seus metais do coração, aprecia agora as estatuetas de bronze — um Fausto e um Mefistófeles — que são também de preço. Matéria mais solene, mas igualmente marcada pelo tempo, é a letra de nosso hino à República, escrita em 1890, pelo poeta decadente Medeiros e Albuquerque. Emoções progressistas a que faltava o natural: "Nós nem cremos que escravos outrora/ Tenha havido em tão nobre país!" (outrora é dois anos antes, uma vez que a Abolição é de 1888). Em 1817, numa declaração do governo revolucionário de Pernambuco, mesmo timbre, com intenções opostas: "Patriotas, vossas propriedades inda as mais opugnantes ao ideal de justiça serão sagradas".[17] Refere-se aos rumores de emancipação, que era preciso desfazer, para acalmar os proprietários. Também a vida de Machado de Assis é um exemplo, na qual se sucedem rapidamente o jornalista combativo, entusiasta das "inteligências proletárias, das classes ínfimas", autor de crônicas e quadrinhas comemorativas, por ocasião do casamento das princesas imperiais, e finalmente o Cavaleiro e mais tarde Oficial da Ordem da Rosa.[18] Contra isso tudo vai sair a campo Sílvio Romero.

> É mister fundar uma nacionalidade consciente de seus méritos e defeitos, de sua força e de seus delíquios, e não arrumar um pastiche, um arremedo de *judas* das festas populares que só serve para vergonha nossa aos olhos do estrangeiro. [...] Só um remédio existe para tamanho *desideratum*: — mergulharmo-nos na corrente vivificante das ideias naturalistas e monísticas, que vão transformando o velho mundo.[19]

À distância é tão clara que tem graça a substituição de um arremedo por outro. Mas é também dramática, pois assinala quanto era alheia a linguagem na qual se expressava, inevitavelmente, o nosso desejo de autenticidade. Ao pastiche romântico iria suceder o naturalista. Enfim, nas revistas, nos costumes, nas casas, nos símbolos nacionais, nos pronunciamentos de revolução, na teoria e onde mais for, sempre a mesma composição "arlequinal", para falar com

Mário de Andrade: o desacordo entre a representação e o que, pensando bem, sabemos ser o seu contexto. — Consolidada por seu grande papel no mercado internacional, e mais tarde na política interna, a combinação de latifúndio e trabalho compulsório atravessou impávida a Colônia, Reinados e Regências, Abolição, a Primeira República, e hoje mesmo é matéria de controvérsia e tiros.[20] O ritmo de nossa vida ideológica, no entanto, foi outro, também ele determinado pela dependência do país: à distância acompanhava os passos da Europa. Note-se, de passagem, que é a ideologia da independência que vai transformar em defeito esta combinação; bobamente, quando insiste na impossível autonomia cultural, e profundamente, quando reflete sobre o problema. Tanto a eternidade das relações sociais de base quanto a lepidez ideológica das "elites" eram parte — a parte que nos toca — da gravitação deste sistema por assim dizer solar, e certamente internacional, que é o capitalismo. Em consequência, um latifúndio pouco modificado viu passarem as maneiras barroca, neoclássica, romântica, naturalista, modernista e outras, que na Europa acompanharam e refletiram transformações imensas na ordem social. Seria de supor que aqui perdessem a justeza, o que em parte se deu. No entanto, vimos que é inevitável este desajuste, ao qual estávamos condenados pela máquina do colonialismo, e ao qual, para que já fique indicado o seu alcance mais que nacional, estava condenada a mesma máquina quando nos produzia. Trata-se enfim de segredo mui conhecido, embora precariamente teorizado. Para as artes, no caso, a solução parece mais fácil, pois sempre houve modo de adorar, citar, macaquear, saquear, adaptar ou devorar estas maneiras e modas todas, de modo que refletissem, na sua falha, a espécie de torcicolo cultural em que nos reconhecemos. Mas, voltemos atrás. Em resumo, as ideias liberais não se podiam praticar, sendo ao mesmo tempo indescartáveis. Foram postas numa constelação especial, uma constelação prática, a qual formou sistema e não deixaria de afetá-las. Por isso, pouco ajuda insistir na sua clara falsidade. Mais interessante é acompanhar-lhes o movimento, de que ela, a falsidade, é parte verdadeira. Vimos o Brasil, bastião da escravatura, envergonhado diante delas — as ideias mais adiantadas do planeta, ou quase, pois o socialismo já vinha à ordem do dia — e rancoroso, pois não serviam para nada. Mas eram adotadas também com orgulho, de forma ornamental, como prova de modernidade e distinção. E naturalmente foram revolucionárias quando pesaram no Abolicionismo. Submetidas à influência do lugar, sem perderem as pretensões de origem, gravitavam segundo uma regra nova, cujas graças, desgraças, ambiguidades e ilusões eram também singulares. Conhecer o Brasil era saber destes deslocamentos, vividos e praticados por todos como uma espécie de fatalidade, para os quais, entretanto, não havia nome, pois a utilização imprópria dos nomes era a sua natureza. Largamente sentido como defeito, bem conhecido mas pouco pensado, este sistema de improdidades decerto rebaixava o cotidiano da vida ideológica e diminuía as chances da reflexão. Contudo facilitava o ceticismo em face das ideologias, por vezes bem completo e descansado, e compatível aliás com muito verbalismo. Exacerbado um nadinha, dará na força espantosa da visão de Machado de Assis. Ora, o fundamento deste ceticismo não está seguramente na exploração refletida dos limites do pensamento liberal. Está, se podemos dizer assim, no ponto de partida intuitivo, que nos dispensava do esforço. Inscritas num sistema que não descrevem nem mesmo em aparência, as ideias da burguesia viam infirmada já de início, pela evidência diária, a sua pretensão de abarcar a natureza humana. Se eram aceitas, eram-no por razões que elas próprias não podiam aceitar. Em lugar de horizonte, apareciam sobre um fundo mais vasto, que as relativiza: as idas e vindas de arbítrio e favor. Abalava-se na base a sua intenção universal. Assim, o que na Europa seria verdadeira façanha da crítica, entre nós podia ser a singela descrença de qualquer pachola, para quem utilitarismo, egoísmo, formalismo e o que for são uma roupa entre outras, muito da época mas desnecessariamente apertada. Está-se vendo que este chão social é de consequência para a história da cultura: uma gravitação complexa, em que volta e meia se repete uma constelação na qual a ideologia hegemônica do Ocidente faz figura derrisória, de mania entre manias. O que é um modo, também, de indicar o alcance mundial que têm e podem ter as nossas esquisitices nacionais. Algo de comparável, talvez, ao que se passava na literatura russa. Diante desta, ainda os maiores romances do realismo francês fazem impressão de ingênuos. Por que razão? Justamente, é que a despeito de sua intenção universal, a psicologia do egoísmo racional, assim como a moral formalista, faziam no Império Russo efeito de uma ideologia "estrangeira", e portanto localizada e relativa. De dentro de seu atraso histórico, o país impunha ao romance burguês um quadro mais complexo. A figura caricata do ocidentalizante, francófilo ou germanófilo, de nome frequentemente alegórico e ridículo, os ideólogos do progresso, do liberalismo, da razão, eram tudo formas de trazer à cena a modernização que acompanha o Capital. Estes homens esclarecidos mostram-se alternadamente lunáticos, ladrões, oportunistas, crudelíssimos, vaidosos, parasitas etc. O sistema de ambiguidades assim ligadas ao uso local do ideário burguês — uma das chaves do romance russo — pode ser comparado àquele que descrevemos para o Brasil. São evidentes as razões sociais da semelhança. Também na Rússia a modernização se perdia na imensidão do território e da inércia social, entrava em choque com a instituição servil e com seus restos — choque experimentado como inferioridade e vergonha nacional por muitos, sem prejuízo de dar a outros um critério para medir o desvario do progressismo e do individualismo que o Ocidente impunha e impõe ao mundo. Na exacerbação deste confronto, em que o progresso é uma desgraça e o atraso uma vergonha, está uma das raízes profundas da literatura russa. Sem forçar em demasia uma comparação desigual, há em Machado — pelas razões que sumariamente procurei apontar — um veio semelhante, algo de Gógol, Dostoiévski, Gontcharov, Tchékhov, e de outros talvez, que não conheço.[21] Em suma, a própria desqualificação do pensamento entre nós, que tão amargamente sentíamos, e que ainda hoje asfixia o estudioso do nosso século XIX, era uma ponta, um ponto nevrálgico por onde passa e se revela a história mundial.[22]

Ao longo de sua reprodução social, incansavelmente o Brasil põe e repõe ideias europeias, sempre em sentido impróprio. É nesta qualidade que elas serão matéria e problema para a literatura. O escritor pode não saber disso, nem precisa, para usá-las. Mas só alcança uma ressonância profunda e afinada caso lhes sinta, registre e desdobre — ou evite — o descentramento e a desafinação. Se há um número indefinido de maneiras de fazê-lo, são palpáveis e definíveis as contravenções. Nestas registra-se, como ingenuidade, tagarelice, estreiteza, servilismo, grosseria etc., a eficácia específica e local de uma alienação de braços longos — a falta de transparência social, imposta pelo nexo colonial e pela dependência que veio continuá-lo. Isso posto, o leitor pouco ficou sabendo de nossa história literária ou geral, e não situa Machado de Assis. De que lhe servem então estas páginas? Em vez do "panorama" e da ideia correlata de impregnação pelo ambiente, sempre sugestiva e verdadeira, mas sempre vaga e externa, tentei uma solução diferente: especificar um mecanismo social, na forma em que ele se torna elemento interno e ativo da cultura; uma dificuldade inescapável — tal como o Brasil a punha e repunha aos seus homens cultos, no processo mesmo de sua reprodução social. Noutras palavras, uma espécie de chão histórico, analisado, da experiência intelectual. Pela ordem, procurei ver na gravitação das ideias um movimento que nos singularizava. Partimos da observação comum, quase uma sensação, de que no Brasil as ideias estavam fora de centro, em relação ao seu uso europeu. E apresentamos uma explicação histórica para esse deslocamento, que envolvia as relações de produção e parasitismo no país, a nossa dependência econômica e seu par, a hegemonia intelectual da Europa, revolucionada pelo Capital. Em suma, para analisar uma originalidade nacional, sensível no dia a dia, fomos levados a refletir sobre o processo da colonização em seu conjunto, que é internacional. O tique-taque das conversões e reconversões de liberalismo e favor é o efeito local e opaco de um mecanismo planetário. Ora, a gravitação cotidiana das ideias e das perspectivas práticas é a matéria imediata e natural da literatura, desde o momento em que as formas fixas tenham perdido a sua vigência para as artes. Portanto, é o ponto de partida também do romance, quanto mais do romance realista. Assim, o que estivemos descrevendo é a feição exata com que a História mundial, na forma estruturada e cifrada de seus resultados locais, sempre repostos, passa para dentro da escrita, em que agora influi pela via interna — o escritor saiba ou não, queira ou não queira. Noutras palavras, definimos um campo vasto e heterogêneo, mas estruturado, que é *resultado* histórico, e pode ser *origem* artística. Ao estudá-lo, vimos que difere do europeu, usando embora o seu vocabulário. Portanto a própria diferença, a comparação e a distância fazem parte de sua definição. Trata-se de uma diferença interna — o descentramento de que tanto falamos — em que as razões nos aparecem ora nossas, ora alheias, a uma luz ambígua, de efeito incerto. Resulta uma química também singular, cujas afinidades e repugnâncias acompanhamos e exemplificamos um pouco. É natural, por outro lado, que esse material proponha problemas originais à literatura que dependa dele. Sem avançarmos por agora, digamos apenas que, ao contrário do que geralmente se pensa, a matéria do artista mostra assim não ser informe: é historicamente formada, e registra de algum modo o processo social a que deve a sua existência. Ao formá-la, por sua vez, o escritor sobrepõe uma forma a outra forma, e é da felicidade desta operação, desta relação com a matéria pré-formada — em que imprevisível dormita a História — que vão depender profundidade, força, complexidade dos resultados. São relações que nada têm de automático, e veremos no detalhe quanto custou, entre nós, acertá-las para o romance. E vê-se, variando-se ainda uma vez o mesmo tema, que embora lidando com o modesto tique-taque de nosso dia a dia, e sentado à escrivaninha num ponto qualquer do Brasil, o nosso romancista sempre teve como matéria, que ordena como pode, questões da história mundial; e que não as trata, se as tratar diretamente.

O sentido histórico da crueldade em Machado de Assis

Um moço viu a rosinha
Viu a rosinha no prado.
GOETHE, "Heidenröslein"

[...] é pobre [...],
há de ser suscetível portanto.
JOSÉ DE ALENCAR, *Sonhos d'ouro*

A flor da moita, em cujo encanto não entram artifício e linhagem, é uma figura cara às Luzes, ao Romantismo e ao sentimento democrático da vida. A expressão serve de título a um passo capital das *Memórias póstumas de Brás Cubas*, onde todavia ela traz um segundo sentido, contrário ao primeiro. Designa com desprezo a moça nascida fora do casamento, concebida atrás do arbusto, por assim dizer no matinho. O conflito das acepções resume o teor ideológico do episódio, ao passo que a grosseria do trocadilho anuncia os extremos, em matéria de baixeza, a que a narrativa irá.

Eugênia e Brás vivem um curto idílio campestre, ela filha natural de dona Eusébia, uma solteirona que frequentava a casa dos Cubas em condição inferior, ele o moço abastado e família que conhecemos. O episódio se passa na Tijuca, onde o rapaz fora buscar retiro. As circunstâncias, os protagonistas e o obstáculo social fazem esperar uma complicação romântica, a qual desponta, mas é encerrada por um desfecho de outro caráter.

Para receber o rapaz, a moça desveste os enfeites costumados, e aparece sem brincos, broche ou pulseira. É uma solução poética e exigente, ditada pela suscetibilidade. Ao marcar as diferenças materiais, Eugênia corta as fantasias de paridade social e mostra conhecer o seu lugar; entretanto, é claro que o gesto tem mais outro sentido, pois prescindir da quinquilharia externa é também lembrar a igualdade essencial entre os indivíduos e proibir ao moço tratá-la como inferior. São cálculos severos, a que ainda assim não falta um pensamento de sedução: para uma sensibilidade esclarecida, o despojamento e a graça natural são ornatos máximos, superiores às circunstâncias de fortuna.

O doutor Cubas, veterano de alguns anos de "romantismo prático e liberalismo teórico" no Velho Continente, não permanece insensível. Aprecia a dignidade da menina, superior ao nascimento irregular e à situação precária, e corre o risco de "amar deveras", quer dizer, de igual para igual, e casar. Ao mesmo tempo sente cócegas de fazer um filho natural à rapariga malnascida. Na primeira hipótese, o amor o levaria a superar as prevenções de família e classe, e a reconhecer o direito igual das pessoas (ao menos das pessoas livres). Na segunda, cujo clima abjeto é determinado pelo prévio reconhecimento da dignidade da moça, trata-se de desrespeitar esta igualdade e gozar as vantagens da própria riqueza e posição, complementares, naturalmente, da pobreza e falta de situação de Eugênia.

Note-se, na vacilação de Brás, o revezamento de respeito e escárnio pela conduta esclarecida. Comentando a reserva da menina, havíamos observado um vaivém correlato, pois ela tanto aceita a inferioridade de sua situação (que deixa o moço em posição superior), como sustenta, ainda que mais discretamente, a sua absoluta dignidade pessoal (que exige respeito e não exclui o amor e um casamento em sociedade). Assim, entre a conduta de Brás e a situação de Eugênia existe correspondência estrita, e as respectivas dubiedades se engrenam e realimentam como partes de um sistema prático, histórico além de fictício. A relação implica um jogo de virtualidades objetivas, exploradas por Brás, a quem, re-

AS IDEIAS FORA DO LUGAR 67

ciprocamente, conformam o modo de ser. Este por sua vez está formalizado na dicção do livro, cujo narrador é o próprio Brás: um narrador acintosamente volúvel, empenhado a todo instante em desrespeitar a cronologia, a verossimilhança, a boa-fé do leitor, o decoro do estilo ou, em suma, a regra de convívio nas letras. Eis aí a solidariedade entre observação social, esquema dramático, organização das personagens e padrão — bem como ponto de vista de classe — da prosa.

Forma literária e relação social injusta respondem uma à outra com rigor, de sorte que o exame de um polo implica a fixação de dimensões do outro. A discriminação histórica da matéria tratada é um requisito, no caso, da apreciação crítica. Tudo está em diferençar ao máximo e não dissolver no arquétipo da menina pobre e do moço rico a particularidade sociológica do idílio.

Eugênia aliás não é propriamente pobre. Educada na proximidade do mundo abastado, ela pode até fazer um bom casamento e vir a ser uma senhora. Mas pode também terminar, como termina, pedindo esmola num cortiço. Do que depende o desfecho? Da simpatia de um moço ou de uma família de posses. Noutras palavras, depende de um capricho de classe dominante. Aí o ponto nevrálgico, para quem, como quase todo mundo, tivesse notícia dos Direitos do Homem — ponto agravado ainda pelos termos extremados da alternativa entre senhora e pedinte. Faltando fundamento prático à autonomia do indivíduo sem meios — em consequência da escravidão o mercado de trabalho é incipiente —, o valor da pessoa depende do reconhecimento arbitrário (e humilhante, em caso de vaivém) de algum proprietário. Neste sentido, penso não forçar a nota dizendo que Eugênia, entre outras figuras de tipo semelhante, encerra a generalidade da situação do homem livre e pobre no Brasil escravista.

Não sendo proprietários nem escravos, estas personagens não formam entre os elementos básicos da sociedade, que lhes prepara uma situação ideológica desconcertante. O seu acesso aos bens da civilização, dada a dimensão marginal do trabalho livre, se efetiva somente através da benevolência eventual e discricionária de indivíduos da classe abonada. Assim, se não alcançam alguma espécie de proteção, os homens pobres vivem ao deus-dará, sobretudo cortados da esfera material e institucional do mundo contemporâneo. Este, por sua vez, padronizado nos países clássicos da Revolução burguesa, é programaticamente contrário àquela mesma proteção que, no Brasil, é o bilhete de ingresso em seu recinto. Noutras palavras, a participação do homem pobre na cultura moderna dava-se ao preço de uma concessão ideológico-moral de monta, que ele pode elaborar de muitos modos, mas sem lhe escapar.

Não há exagero portanto em afirmar que o favor pessoal, incluída nele a parte inevitável e já então imperdoável de capricho, vem colocado em primeiro plano pela estrutura social do país ela própria. Foi natural que o emaranhado singular de humilhações e esperanças ligado a este quadro se tornasse matéria central no romance brasileiro, que em boa parte se pode estudar como apresentação e aprofundamento dos dilemas correspondentes. Seja como for, é na relação com esta forma específica de desvalimento que a volubilidade cobra relevo pleno, sendo percebida e percebendo-se como poder social, que reserva ao outro, enquanto possibilidades reais, tanto a sorte grande da cooptação (aqui o casamento desigual) como a humilhação do dependente ou a indiferença moderna em face do concidadão (que entretanto não é cidadão deveras e não tem meios de sobreviver). O leque dos destinos disponíveis, de amplitude vertiginosa e catastrófica para a parte pobre, é, para a parte proprietária, o campo das opções oferecidas ao exercício do capricho. Ante tamanha desproporção, é claro que este último desenvolve um sentido exaltado de si e da própria

AS IDEIAS FORA DO LUGAR

relevância, que o faz brilhar em toda linha. Reciproca-
mente, a exposição à procura desordenada de suprema-
cias imaginárias e a seu poder efetivo dá a dimensão
exata da desproteção dos pobres.[1]

Alguns dias depois de colher o primeiro beijo de Eugênia, o rapaz se lembra do pai, das obrigações de car-
reira, da constituição, do cavalo etc., e resolve descer da
Tijuca para o Rio. O sinal é dado por uma voz interior,
que lhe cochicha palavras da Escritura ("Levanta-te e
entra na cidade", Atos, IX, 7).[2] Brás entende o conselho
divino a seu modo, concluindo que cidade no caso seria
a capital e que era tempo de escapar à moça. Onde o
Paulo bíblico se *convertera* de flagelo em apóstolo dos
cristãos, o seu êmulo brasileiro se desconvertia da tentação esclarecida, para fazer finca-pé na iniquidade oligárquica. Lembrava os preceitos ouvidos do pai:

> é preciso continuar o nosso nome, continuá-lo e ilustrá-
> -lo ainda mais. [...] Teme a obscuridade, Brás; foge do
> que é ínfimo. Olha que os homens valem por diferentes
> modos, e que o mais seguro de todos é valer pela opi-
> nião dos outros homens. Não estragues as vantagens de
> tua posição, os teus meios...[3]

Qual o sentido desta conduta? No que tange à intriga,
o episódio termina sem maiores desdobramentos ou revelações com a partida do rapaz. Um final rigorosamente
comum, que não podia ser mais apagado, nem mais característico. O efeito crítico está na frustração do desejo
romanesco do leitor (já que Eugênia, conhecendo o quadro, abafa o sentimento e sai de cena em silêncio). Dada
a assimetria destas relações, em que, pela razão exposta,
a parte pobre não é ninguém, tudo se resume na decisão
da parte proprietária, a que não há nada que acrescentar.
Deste ponto de vista, a fabulação reduzida expressa uma
correlação de forças, e reitera a face taciturna do poder.

Contudo, nem por isso os Direitos do Homem e o século XIX deixam de existir. As possibilidades que Brás recusa na prática e portanto exclui do enredo estão vivas em seu espírito de indivíduo moderno, onde se recompõem segundo a situação. Basta adicionar ao episódio as repercussões morais que logicamente lhe correspondem no âmbito do *homem ilustrado* — o homem que se encontra no polo dominante da relação — e veremos surgir um retrato social de eloquência sem paralelo na literatura brasileira.

O idílio transcorre sob o signo de quatro borboletas. A primeira, um símile das imaginações vadias do rapaz, anuncia o tema. A segunda, toda em ouro e diamantes (insinuação?), foi posta no pensamento de Eugênia pelas cortesias do moço rico. A terceira é grande e preta, e entra na varanda em que estão reunidos dona Eusébia e o par de jovens. A boa senhora e a filha ficam assustadas, talvez por superstição, proporcionando ao doutor o prazer de se sentir forte e filósofo, enquanto espanta o inseto com um lenço. Na mesma tarde, cruzando com a moça, Brás nota que ela o cumprimenta de igual para igual. Ele supõe que alguns passos adiante ela voltará a cabeça para olhá-lo, coisa que não sucede. A decepção não deixa de irritar e forma o contexto em que se compreende a quarta borboleta, também ela grande e negra, aparecida no quarto do rapaz no dia seguinte. Inicialmente o bichinho é bem recebido, pois recorda a cena da manhã anterior, com os modos bonitos da menina, que tratava de esconder o susto, e sobretudo com o papel superior que tocara ao cavalheiro. Em seguida a borboleta muda de significado, talvez porque se deixa ficar e continua a mover as asas de modo brando. Para Brás ela agora representa a persistência da mocinha na lembrança, além da falta do gesto subalterno, que já ontem causara aborrecimento. Brás sente "um repelão dos nervos"[4] — forma aguda da volubilidade — e mediante uma toalhada acaba com o assunto.

A brutalidade da conclusão prefigura o desenlace do idílio, que naquela altura mal começava. Aplicada a um ser inofensivo, a pancada mortal desnuda um aspecto — metodicamente aleatório — da dominação de classe. O conteúdo da relação social é estendido à relação com a natureza: a dignidade *natural* (ou cidadã) de Eugênia, que não traz o vinco da subordinação à oligarquia, torna odiosa a espontaneidade em qualquer plano, inclusive o das borboletas. E como a natureza existe também dentro de nós, é certo que além do inseto e da moça a pancada visava, no interior do próprio Brás, o respeito espontâneo pelo valor do próximo.

Nesta altura, o leitor das *Memórias* não deixou de notar que omitimos uma particularidade decisiva do episódio, aquela em que vai se fixar o principal das reações de Brás: o defeito físico de Eugênia. Com efeito, além de bastarda e sem posses, a menina é coxa. Observe-se todavia que o rapaz não se dá conta do defeito senão tarde, quando a dignidade da criatura pobre já o havia incomodado a ponto de fazer que ele a abatesse em efígie. Noutras palavras, a lógica e o desfecho do episódio fixaram-se em função de inferioridades *sociais*, e a imperfeição *natural* superveniente não afeta a marcha da situação. Não obstante, será ela, a inferioridade física, o pivô das cogitações do moço. Este despejará sobre a deformidade natural os maus sentimentos que lhe inspira o desnível de classe, e, mais importante, verá a iniquidade social pelo prisma sem culpa e sem remédio dos desacertos da natureza.

Como entender esta substituição? Genericamente, a naturalização de relações históricas serve ao conservadorismo. A sua oportunidade no caso é patente, já que a situação social da moça é um problema de consciência para o rapaz, ao passo que o defeito físico é um dado definitivo e, neste sentido, confortador. As coisas porém são mais enredadas, pois é claro que a perna defeituosa tampouco impediria Eugênia de ser uma esposa perfeita. Assim, além de não ser a verdadeira, a razão alegada não convence, e firma o clima de desconversa e desculpa esfarrapada, no limite do acinte, que é central para a grosseria — estudada ao extremo — destes capítulos. A explicação escarninha, que não pretende justificar nada e antes quer significar a realidade da força, é aqui um elemento de baixeza entre outros. De fato, a dezena de páginas em que figura Eugênia, a única personagem direita do livro, constitui um minucioso exercício de conspurcação. A crueldade é tanta, tão deliberada e detalhista, que dificilmente o leitor a assimila em toda a extensão. É como se o caráter extremado destas passagens impedisse a sua estranheza de ser percebida. Tratemos de não reduzi-la ao caso psicológico — a parte de sadismo é clara — e vejamos nela um desdobramento verossímil da ordem social que procuramos caracterizar. São as coordenadas do conflito social que dão transparência e integridade artística aos desmandos do protagonista narrador.

Já mencionamos a leitura pejorativa de uma expressão tão cândida como "a flor da moita". Um capítulo vizinho chama-se "Coxa de nascença", outra falta de caridade. Quando jura, "pela coxa de Diana",[5] que não pensava fazer mal a Eugênia, Brás evidentemente procura ser excessivo, e até inexcedível. Em todos os casos está em jogo o direito da moça, e, através dele, o respeito à visão ilustrado-romântico-liberal do indivíduo, que o protagonista vai ofender com exasperada deliberação. Não por satanismo (ainda que essas páginas dependam de Baudelaire), e sim por ser um membro comum da camada dominante brasileira, que tinha naquela visão a sua referência obrigatória, conhecendo embora a sua irrealidade local e vivendo esta contradição como um destino e uma permanente irritação. O desplante chega ao paroxismo no capítulo dirigido "A uma alma sensível", onde o cinismo de Brás abruptamente se volta contra o leitor e passa à agressão direta, mandando que limpe os óculos — "que isto às vezes é dos óculos"[6] — presumivelmente embaciados de lágrimas inúteis, derramadas sobre o destino da boa Eugênia. Assim, a exorcização do sentimentalismo liberal e o chamado à realidade do privilégio completam-se na passagem às vias de fato contra o leitor, obrigado a sentir na própria pele o aspecto ultrajante da volubilidade narrativa e da forma de poder que lhe serve de mola.

"Palavra que o olhar de Eugênia não era coxo, mas direito, perfeitamente são."[7] A malícia da frase está na jura inicial, que faz supor o leitor acanalhado (*mon semblable, mon frère*), avesso a imaginar que um defeito na perna não se acompanhe de uma diminuição da pessoa. Esta suposição de cumplicidade tem propósito insultuoso, em que aliás se explicita o caráter agressivo das inúmeras familiaridades tomadas com o público ao longo do livro. Contudo, atentando bem, notaremos que a jura não se destina somente a persuadir a plateia. Ela é dita também para dentro, quando então expressa mais *embaraço* que surpresa, e funciona como uma interjeição interior. Por que seria importuno o espírito de Eugênia não se mostrar inferiorizado? O parágrafo seguinte começa por uma exclamação análoga, desenvolvendo a outra: "O pior é que era coxa". Pior designa um inconveniente maior que os demais — enumerados logo a seguir: "Uns olhos tão lúcidos, uma boca tão fresca, uma compostura tão senhoril".[8] Estas prendas, que são o que retém o rapaz, transformaram-se em negativo naturalmente por pertencerem a uma criatura pobre e por criarem um impasse moral e sentimental para o filho-família. Retenhamos três pontos: a) o fundo da questão é mesmo de classe, e o defeito físico não passa de um acréscimo, que lhe serve de álibi; b) no contexto da dominação de classe, os trunfos humanos dos inferiores são vistos como outros tantos infortúnios; c) a conveniência momentânea da personagem volúvel é ideologicamente produtiva e engendra modos de ver e dizer que a expressam com precisão, sendo embora disparates à luz de um critério esclarecido. Este terceiro ponto exemplifica-se uma frase depois: "Por que bonita, se coxa? por que coxa, se bonita?". Noutras palavras, se o universo fosse ordenado razoavelmente, moças coxas (pobres) não seriam bonitas, e moças bonitas não seriam coxas (pobres). Trata-se de harmonia universal, mas concebida a partir da mais imediata conveniência particular, com supressão dos demais pontos de vista, e, sobretudo, sem supressão da dominação de classe.

Que pensar deste festival de maldades? Ele prossegue no plano da linguagem, cuja finalidade narrativa e expositiva periodicamente cede o passo à intenção primária de humilhar. Aqui e ali, sem razão de ser precisa e como pura contribuição escarninha ao clima geral, encaixam-se a palavra "pé" e noções conexas. Assim, Brás está *ao pé* de Eugênia, que está *ao pé* dele, além de haver uma *coxa de Diana* e uma *Vênus manca*, bem como um sem-número de *pés* propriamente ditos, *botas, sapateiros, calos, pernas que manquejam* e, por fim, uma tragédia humana que pode ser *pateada*. Ao todo, em poucas páginas, são mais de trinta alusões desta espécie duvidosa, dezessete concentradas no curto capítulo XXXVI, intitulado "A propósito de botas". O procedimento é bruto, sem prejuízo da sutileza extrema do contexto: digamos que Machado tentava a sublimação da chalaça. De fato, como consequência da repetição, o desejo de tripudiar vai expondo novos perfis. Inicialmente tratava-se de soterrar, embaixo de remoques, a moça e o que ela significa. Por outro lado, a baixeza ostensiva das alusões é também um modo de vexar o leitor e realçar a própria impunidade. Enfim, o encarniçamento em que o processo culmina, com acintes quase a cada linha, deixa ver a necessidade em que se encontra Brás de aniquilar a "alma sensível" dentro dele mesmo. Tudo somado, a tendência é para espezinhar as formas de espontaneidade que fujam à ordem da oligarquia, isto nas personagens, no leitor e no próprio narrador, quer dizer em toda parte.[9]

"Pois um golpe de toalha rematou a aventura."[10] Com esta frase cortante, Brás recorda o episódio da borboleta preta, cujo conteúdo social procuramos analisar. Pouco adiante, o capítulo dedicado "A uma alma sensível" conclui de forma comparável: "— e acabemos de uma vez com esta flor da moita". Noutros passos do livro, anteriores ou posteriores, onde assunto e clima são diferentes, encontraremos sob inúmeras formas o mesmo gesto terminante, pondo fim ao parágrafo ou capítulo, ou dando um basta a uma aspiração ou veleidade qualquer. Lembrando os escrúpulos da necessitada dona Plácida, vencidos por uma quantia que ele mesmo providenciara, considera Cubas: "Foi assim que lhe acabou o nojo".[11] Às folhas das árvores, que, como tudo neste mundo, não são eternas: "Heis de cair".[12] Encerrando as reflexões sobre a morte de sua mãe: "Triste capítulo; passemos a outro mais alegre".[13] Em todos esses finais há um eco ou prenúncio, atenuado ou não, da pancada assestada em Eugênia. Virtualidades e direitos do indivíduo, sobretudo na figura da espontaneidade que levanta voo, vêm exaltados pelo espírito do tempo. Atalhá-los requer um instante de determinação nefasta — o "repelão dos nervos" que permite ao namorado abater o inseto. A recorrência subjetiva da barbárie é o preço da reasserção do arbítrio escravista e clientelista em pleno século liberal, reasserção por outro lado que nada tem de extraordinário, e faz parte da necessidade e rotina da vida brasileira. O gosto pelo truncamento dos direitos e das aspirações individuais, vistos como frioleiras, o que nas circunstâncias não deixava também de ser verdade, é uma constante cíclica da prosa e está transformado em vezo de linguagem, um tique de irritação e impaciência diante de veleidades que não podem ser. Este encontra-se disseminado pelo romance, generalizando em forma de

clima narrativo o resultado ideológico de uma estrutura-
ção social, transposta igualmente no diagrama dramático
dos episódios. Aí outro fator da unidade tão poderosa do
livro, a que entretanto não cabe, salvo por sarcasmo machadiano, dar o nome de harmonia.

Brás encerrava um primeiro ciclo de vida e lhe dava
o balanço, quando encontra Eugênia — donde o relevo
especial da passagem. A tônica de infância e juventude
havia estado nas tropelias de menino rico a quem tudo
é permitido. A estada europeia, sob o signo igualmente
da inconsequência, fez dele um homem educado: "Colhi
de todas as cousas a fraseologia, a casca, a ornamenta-
ção".[14] A morte da mãe o traz de volta ao Rio e, sobretudo, à "fragilidade das cousas".[15] O doutor refugia-se
na Tijuca, para meditar a vida, a morte e a vacuidade de
sua existência anterior. Em face do nada, como ficam os
caprichos da vontade e a procura — exterior apenas —
das novas aparências europeias? Sobre fundo de crise, a
simpatia por Eugênia será uma hipótese de transformação. Para apreciá-la devidamente é preciso detalhar as
alternativas que a precedem.

Aos sete dias Brás está farto de "solidão" e ansioso
por voltar ao "bulício".[16] O passo alude aos trechos pas-
calianos sobre a necessidade que tem o homem de se distrair de si mesmo. No caso do brasileiro, contudo, os termos do dilema são menos cristãos, e sua substância define
uma alternativa interior ao privilégio de classe. Do lado
do bulício, as vantagens sociais visíveis a que uma família importante dá acesso: figuração política, brilho mun-
dano, vida civilizada e novidadeira. Do lado da solidão,
assentada também sobre a riqueza, "viver como um urso,
que sou":[17] caçar, dormir, ler e não fazer nada, auxiliado
por um moleque. Lá falta o *mérito*, aqui o *trabalho*. Aqui
como lá falta o valor do indivíduo, única justificação para
a diferença social (do ponto de vista da norma burguesa,
cuja vigência está atestada no caráter satírico do retrato).

O pai Cubas, partidário da vida brilhante, procura atrair o filho a um bom casamento e a um lugar na Câmara dos Deputados, benefícios que vinham juntos, dada a influência política do futuro sogro. A frivolidade do arranjo ressalta duas vezes: uma pelo contraste com a morte ainda próxima (ângulo metafísico); a outra pelo esvaziamento da dimensão individual, isto é, moderna, de casamento e política, subordinados ao sistema de patrocínio e troca de favores (ângulo histórico). Assim, a vida carece de sentido porque no horizonte está o nada, ou também porque o seu horizonte é a organização social brasileira. As duas razões estão presentes na tendência misantrópica de Brás, onde se acompanham de uma terceira. "Apertava ao peito a minha dor taciturna, com uma sensação única, uma cousa a que se poderia chamar volúpia do aborrecimento."[18] Descrença e renúncia no caso incluem uma parte de desdém pelos papéis ridículos a que a sociedade forçava um moço atualizado. Num lance de muita audácia, característico de sua capacidade de adaptação inventiva, Machado formulava com palavras do tédio baudelairiano a melancolia e satisfação do ricaço brasileiro em face de suas perspectivas: "Volúpia do aborrecimento [...] uma das sensações mais sutis desse mundo e daquele tempo".[19] É claro porém que o Cubas spleenético não é menos arbitrário nem menos proprietário que o Cubas desejoso de ser ministro. O vaivém entre "hipocondria" e "amor da nomeada", entre apatia e bulício, faces complementares da mesma experiência de classe, aponta para a equivalência daqueles opostos e é um dos movimentos capitais do livro.[20] Participar ou não do brilho sem sentido da Corte, ou, mais genericamente, do setor europeizante da sociedade ("a fraseologia, a casca"), eis a questão, em que naturalmente não se inclui o ser ou não ser da prerrogativa social. Acresce que o relativo retiro e a recusa da comédia pública podem não significar escrúpulo ideológico, mas gozo mais desimpedido das vantagens da propriedade, liberta do constrangimento das ideias liberais. Em suma, na expressão do pai: "Não te deixes ficar aí inútil, obscuro e triste; não gastei dinheiro, cuidados, empenhos, para te não ver brilhar, como deves".[21] Assim, quando não é inútil, Brás é desfrutável, e quando não é desfrutável, é inútil, empurrado de uma condição à outra pelos respectivos inconvenientes.

A vizinhança da morte sublinha ainda mais a inanidade desta alternativa e funciona como um apelo à regeneração. É onde entra o idílio com Eugênia, que promete uma transformação completa do protagonista. Valor e espontaneidade individual seriam reconhecidos, ou, generalizando, a iniquidade oligárquica abriria uma fresta à igualdade entre os humanos, particularmente entre proprietários e pobres com educação. Vimos porém o desplante furioso com que a personagem recusa este rumo, onde a latitude de seu capricho ficaria limitada, rumo cujo significado nacional e de classe procuramos indicar. Longe de trazer uma viravolta, portanto, o encontro com Eugênia consolida o regime do abuso, agravado agora pela transformação não havida: uma peripécia em branco, se é possível dizer assim, depois da qual fica tudo como antes, e piorado. O perfil abstrato desta sequência define o andamento geral da narrativa: o anticlímax primeiro desnuda a nulidade prática das fantasias de liberalização voluntária, e depois expõe a insignificância, devida à mesma nulidade, da vida ulterior de Brás Cubas, que é a maior parte do livro. A norma liberal é tanto expectativa tola como ausência imperdoável. Esta inconsequência tem efeito devastador, e expressa o beco ideológico em que se encontrava a fração pensante do país.

Anos depois, Brás admite casar com nhã Loló, outra moça de situação inferior à dele. Como explicar a diferença, uma vez que o protagonista não mudou? Buscando subir, nhã Loló estuda e adivinha a vida elegante, e trata de "mascarar a inferioridade da [sua] família".

No momento oportuno renega o pai, cujas afinidades populares dão vexame. "Este sentimento pareceu-me de grande elevação; era uma afinidade mais entre nós", recorda o noivo, decidido a "arrancar esta flor a este pântano".[22] O problema portanto não estava no casamento desigual, admissível desde que reafirme o domínio dos proprietários. Inadmissíveis são a dignidade e o direito dos pobres, que estreitariam o campo à arbitrariedade dos homens de bem. Observe-se ainda que a defesa da prerrogativa de classe é enérgica, mas não se acompanha de ideologia ou convicção da própria superioridade. Esta ausência de justificação consistente é quase simpática, pela vizinhança com a franqueza. De outro ângulo porém ela é parte de um apego cru e indiscriminado a quaisquer vantagens sociais, muito característico, desembaraçado das obrigações que mal ou bem uma autoimagem mais elaborada traria consigo.

Onde há ação, o episódio de Eugênia é uma obra-prima de técnica realista. Fabulação enxuta e parcimônia no detalhe, rigorosamente disciplinadas pela contradição social, produzem o andamento poético do grande romance oitocentista. Entretanto é fato que o conflito quase não tem prosseguimento, ou melhor, só tem prosseguimento fora do âmbito da intriga, nas cólicas morais da personagem e nas maldades expositivas do narrador. Com isto, subjetividade e escrita roubam o primeiro plano e prevalecem, quantitativamente, sobre a dimensão prática do antagonismo. É claro que esta proliferação permite ver em Machado uma ponta de lança da literatura pós-naturalista. Sem discordar, notemos que a proliferação subjetiva — ou seja, a volubilidade — aqui está enraizada em terreno social claro, de que ela é uma expressão capital. Deste ângulo, as soluções formais heterodoxas se podem ler como maneiras de aprofundar e radicalizar a exposição de um quadro prático definido. Por exemplo, a desproporção entre brevidade e importância do episódio é um fato eloquente de composição. Na verdade, Eugênia é a única figura estimável do livro: tem compreensão nítida das relações sociais, gosto de viver e firmeza moral — mas seu papel é pouco mais que uma ponta. É como se o arranjo da narrativa dissesse que no contexto da vida brasileira as melhores qualidades dos pobres serão truncadas e esperdiçadas, o que configura e passa em julgado uma tendência histórica. Vimos também que o conflito pouco se desdobra na prática, e muito na imaginação de Brás, *a quem cabe a última palavra*, aliás de injúria. A unilateralidade do procedimento é escandalosa, expressiva também da assimetria da relação social, e tem o mérito de deslocar a perspectiva moralista. Em lugar da injustiça sofrida por Eugênia, que estaria no foco de um narrador equitativo, assistimos a seu reflexo na consciência do responsável ele mesmo, um membro conspícuo da classe dominante, cujo ponto de vista a narrativa adota de maneira maliciosamente incondicional. De entrada, a parcialidade narrativa põe fora de combate o sentimento moral, que diante da injustiça assumida não desaparece — pode até tornar-se mais estridente — mas perde a presunção de eficácia, e aparece como um prisma acanhado. Mais uma vez estamos em campo explorado por Baudelaire, amigo de fintas e mistificações literárias, concebidas como elemento de estratégia guerreira. O poeta gostava de tomar o partido do opressor, mas para desmascará-lo através do zelo excessivo, e também para humilhar/fustigar os oprimidos, em sua eventual passividade diante da opressão.[23] Atrás do narrador faccioso, que à primeira vista é revoltante, mas para o qual já não há substituto senão de outra facção, abre-se a cena moderna da luta social generalizada, a que não escapam os procedimentos narrativos.

Nacional por subtração

Brasileiros e latino-americanos fazemos constantemente a experiência do caráter *postiço*, *inautêntico*, *imitado* da vida cultural que levamos. Essa experiência tem sido um dado formador de nossa reflexão crítica desde os tempos da Independência. Ela pode ser e foi interpretada de muitas maneiras, por românticos, naturalistas, modernistas, esquerda, direita, cosmopolitas, nacionalistas etc., o que faz supor que corresponda a um problema durável e de fundo. Antes de arriscar uma explicação a mais, digamos portanto que o mencionado mal-estar é um *fato*.

As suas manifestações cotidianas vão do inofensivo ao horripilante. O Papai Noel enfrentando a canícula em roupa de esquimó é um exemplo de inadequação. Da ótica de um tradicionalista, a guitarra elétrica no país do samba é outro. Entre os representantes do regime de 1964 foi comum dizer que o povo brasileiro é despreparado e que democracia aqui não passava de uma impropriedade. No século XIX comentava-se o abismo entre a fachada liberal do Império, calcada no parlamentarismo inglês, e o regime de trabalho efetivo, que era escravo. Mário de Andrade, no "Lundu do escritor difícil", chamava de macaco o compatriota que só sabia das coisas do estrangeiro. Recentemente, quando a política de Direitos Humanos do governo Montoro passou a beneficiar os presos, houve manifestações de insatisfação popular: por que dar garantias aos condenados, se fora da cadeia elas faltam a muita gente? Dessa perspectiva, também os Direitos Humanos seriam postiços no Brasil... São exemplos desencontrados, muito diferentes no calibre, pressupondo modos de ver incompatíveis uns com os outros, mas escolhidos com propósito de indicar a generalidade social de uma certa experiência. Todos comportam o sentimento da contradição entre a realidade nacional e o prestígio ideológico dos países que nos servem de modelo.

Como estamos entre estudantes de Letras, vejamos algo da questão em nosso campo. Nos vinte anos em que tenho dado aula de literatura assisti ao trânsito da crítica por impressionismo, historiografia positivista, *new criticism* americano, estilística, marxismo, fenomenologia, estruturalismo, pós-estruturalismo e agora teorias da recepção. A lista é impressionante e atesta o esforço de atualização e desprovincianização em nossa universidade. Mas é fácil observar que só raramente a passagem de uma escola a outra corresponde, como seria de esperar, ao esgotamento de um projeto; no geral ela se deve ao prestígio americano ou europeu da doutrina seguinte. Resulta a impressão — decepcionante — da mudança sem necessidade interna, e por isso mesmo sem proveito. O gosto pela novidade terminológica e doutrinária prevalece sobre o trabalho de conhecimento, e constitui outro exemplo, agora no plano acadêmico, do caráter imitativo de nossa vida cultural. Veremos que o problema está mal posto, mas antes disso não custa reconhecer a sua verdade relativa.

Tem sido observado que a cada geração a vida intelectual no Brasil parece recomeçar do zero. O apetite pela produção recente dos países avançados muitas vezes tem como avesso o desinteresse pelo trabalho da geração anterior, e a consequente descontinuidade da reflexão. Conforme notava Machado de Assis em 1879, "o influ-

xo externo é que determina a direção do movimento".[1]
Que significa a preterição do influxo interno, aliás menos
inevitável hoje do que naquele tempo? Não é preciso ser
adepto da tradição ou de uma impossível autarquia intelectual para reconhecer os inconvenientes desta praxe, a
que falta a convicção não só das teorias, logo trocadas,
mas também de suas implicações menos próximas, de sua
relação com o movimento social conjunto, e, ao fim e ao
cabo, da relevância do próprio trabalho e dos assuntos estudados. Percepções e teses notáveis a respeito da cultura
do país são decapitadas periodicamente, e problemas a
muito custo identificados e assumidos ficam sem o desdobramento que lhes poderia corresponder. O prejuízo acar-
retado se pode comprovar pela via contrária, lembrando a
estatura isolada de uns poucos escritores como Machado
de Assis, Mário de Andrade e, hoje, Antonio Candido,
cuja qualidade se prende a este ponto. A nenhum deles
faltou informação nem abertura para a atualidade. Entretanto, todos souberam retomar criticamente e em larga
escala o trabalho dos predecessores, entendido não como
peso morto, mas como elemento dinâmico e irresolvido,
subjacente às contradições contemporâneas.[2]

Não se trata, portanto, de continuidade pela continuidade, mas da constituição de um campo de problemas reais, particulares, com inserção e duração histórica
próprias, que recolha as forças em presença e solicite o
passo adiante. Sem desmerecer os teóricos da última leva
que estudamos em nossos cursos de faculdade, parece
evidente que nos situaríamos melhor se nos obrigásse-
mos a um juízo refletido sobre as perspectivas propostas
por Sílvio Romero, Oswald e Mário de Andrade, Antonio Candido, pelo grupo concretista, pelos Cepecês...
Há uma dose de adensamento cultural, dependente de
alianças ou confrontos entre disciplinas científicas, mo-
dalidades artísticas e posições sociais ou políticas sem a
qual a ideia mesma de ruptura, perseguida no culto ao

novo, não significa nada. Isso posto, vale a pena lembrar que aos hispano-americanos o Brasil dá impressão de invejável organicidade intelectual, e que, por incrível que pareça, dentro do relativo eles talvez até tenham razão.

O que fica de nosso desfile de concepções e métodos é pouco, já que o ritmo da mudança não dá tempo à produção amadurecida. O inconveniente é real e faz parte do sentimento de inadequação que foi nosso ponto de partida. Nada mais razoável, portanto, para alguém consciente do prejuízo, que passar ao polo oposto e imaginar que baste não reproduzir a tendência metropolitana para alcançar uma vida intelectual mais substantiva. A conclusão é ilusória, como se verá, mas tem apoio intuitivo forte. Durante algum tempo ela andou na boca dos nacionalismos de esquerda e direita, convergência que, sendo mau sinal para a esquerda, deu grande circulação social àquele ponto de vista e contribuiu para prestigiar o baixo nível.

Daí a busca de um fundo nacional genuíno, isto é, não adulterado: como seria a cultura popular se fosse possível preservá-la do comércio e, sobretudo, da comunicação de massa? O que seria uma economia nacional sem mistura? De 1964 para cá a internacionalização do capital, a mercantilização das relações sociais e a presença da mídia avançaram tanto que estas questões perderam a verossimilhança. Entretanto, há vinte anos apenas elas ainda agitavam a intelectualidade e ocupavam a ordem do dia. Reinava um estado de espírito combativo, segundo o qual o progresso resultaria de uma espécie de reconquista, ou melhor, da expulsão dos invasores. Rechaçado o imperialismo, neutralizadas as formas mercantis e industriais de cultura que lhe correspondiam, e afastada a parte antinacional da burguesia, aliada do primeiro, estaria tudo pronto para que desabrochasse a cultura nacional verdadeira, *descaracterizada pelos elementos anteriores, entendidos como corpo estranho*. A ênfase, muito justa, nos mecanismos da dominação norte-americana servia à mitificação da comunidade brasileira, objeto de amor patriótico e subtraída à análise de classe que a tornaria problemática por sua vez. Aqui é preciso uma ressalva: o governo Goulart, durante o qual este sentimento das coisas chegou ao auge, foi um período de acontecimentos extraordinários, com experimentação social e realinhamentos democráticos em larga escala. Não pode ser reduzido às inconsistências de sua autoimagem — ilustrativas, não obstante, da ilusão própria ao nacionalismo populista, que coloca o mal todo no exterior.

Quando os nacionalistas de direita em 1964 denunciavam como alienígena o marxismo talvez imaginassem que o fascismo fosse invenção brasileira. Neste ponto, guardadas as diferenças, as duas vertentes nacionalistas coincidiam: esperavam achar o que buscavam através da eliminação do que não é nativo. O resíduo, nesta operação de subtrair, seria a substância autêntica do país. A mesma ilusão funcionou no século XIX, quando entretanto a nova cultura nacional se deveu muito mais à *diversificação* dos modelos europeus que à *exclusão* do modelo português. Na outra banda, dos retrógrados, os adversários da descaracterização romântico-liberal da sociedade brasileira tampouco chegavam ao país autêntico, pois extirpadas as novidades francesas e inglesas ficava restaurada a ordem colonial, isto é, uma criação portuguesa. O paradoxo geral deste tipo de purismo está encarnado na figura de Policarpo Quaresma, a quem o afã de autenticidade leva a se expressar em tupi, língua estranha para ele. Analogamente em *Quarup*, de Antonio Callado, onde o depositário da nação autêntica não é o passado pré-colonial, como queria a figura de Lima Barreto, mas o interior longínquo do território, distante da costa atlântica e de seus contatos estrangeirizantes. Um grupo de personagens identifica no mapa o centro geográfico do país e sai à sua busca. Depois de muita peripécia a expedição chega ao termo da procura, onde encontra — um formigueiro.

Ao nacionalista a padronização e a marca americana que acompanham os veículos de comunicação de massa apareciam como efeitos negativos da presença estrangeira. É claro que à geração seguinte, para quem o novo clima era natural, o nacionalismo é que teria de parecer esteticamente arcaico e provinciano. Pela primeira vez, que eu saiba, entra em circulação o sentimento de que a defesa das singularidades nacionais contra a uniformização imperialista é um tópico vazio. Sobre fundo de indústria cultural, o mal-estar na cultura brasileira desaparece, ao menos para quem queira se iludir.

Também nos anos 1960 o nacionalismo havia sido objeto da crítica de grupos que se estimavam mais avançados que ele política e esteticamente. O raciocínio de então vem sendo retomado em nossos dias, mas agora sem luta de classes nem anti-imperialismo, e no âmbito internacionalíssimo da comunicação de massas. Nesta atmosfera "global", de mitologia unificada e planetária, o combate por uma cultura "genuína" faz papel de velharia. Fica patente o seu caráter ilusório, além de provinciano e complementar de formas arcaicas de opressão. O argumento é inatacável, mas não custa assinalar que, dado o novo contexto, a ênfase na dimensão internacional da cultura vem funcionando como pura e simples legitimação da mídia. Assim como os nacionalistas atacavam o imperialismo e eram lacônicos quanto à opressão burguesa, os antinacionalistas de agora assinalam a dimensão autoritária e atrasada de seu adversário, com carradas de razão, o que no entanto faria crer que o reinado da comunicação de massa seja libertário ou aceitável do ponto de vista estético. Uma posição crítica e moderna, conformista no fundo. Outra inversão imaginária de papéis: embora se estejam encarreirando no processo ideológico triunfante de nosso tempo, os "globalistas" raciocinam como acossados, ou como se fizessem parte da vanguarda heroica, estética ou libertária, de inícios do século. Alinham-se com o poder como quem faz uma revolução. Na mesma linha paradoxal, observe-se ainda que imposição ideológica externa e expropriação cultural do povo são realidades que não deixam de existir porque há mistificação na fórmula dos nacionalistas a respeito. Estes mal ou bem estiveram ligados a conflitos efetivos e lhes deram alguma espécie de visibilidade. Ao passo que os modernistas da mídia, mesmo tendo razão em suas críticas, fazem supor um mundo universalista que, este sim, não existe. Trata-se enfim de escolher entre o equívoco antigo e o novo, nos dois casos em nome do progresso. O espetáculo que a avenida Paulista oferece ao contemplativo pode servir de comparação: a feiura repulsiva das mansões em que se pavoneava o capital da fase passada parece perversamente tolerável ao pé dos arranha-céus da fase atual, por uma questão de escala, e devido também à poesia que emana de qualquer poder quando ele é passado para trás.

A filosofia francesa recente é outro fator no descrédito do nacionalismo cultural. A orientação antitotalizadora, a preferência por níveis de historicidade alheios ao âmbito nacional, a desmontagem de andaimes convencionais da vida literária (tais como as noções de autoria, obra, influência, originalidade etc.) desmancham, ou, ao menos, desprestigiam a correspondência romântica entre o heroísmo do indivíduo, a realização da grande obra e a redenção da coletividade, correspondência cujo valor de conhecimento e potencial de mistificação não são desprezíveis e que anima os esquemas do nacionalista. O esvaziamento pode ser fulminante e convencer em parte, além de render conforto ao sentimento nacional onde menos se espera.

Conforme sugere o lugar-comum, a cópia é secundária em relação ao original, depende dele, vale menos etc. Esta perspectiva coloca um sinal de menos diante do conjunto dos esforços culturais do continente e está na base do mal-estar intelectual que é nosso assunto. Ora, demonstrar o infundado de hierarquias desse gênero é uma especialidade da filosofia europeia atual, por exemplo, de Foucault e Derrida. Por que dizer que o anterior prima sobre o posterior, o modelo sobre a imitação, o central sobre o periférico, a infraestrutura econômica sobre a vida cultural e assim por diante? Segundo os filósofos em questão, trata-se de condicionamentos (mas são de mesma ordem?) preconceituosos, que não descrevem a vida do espírito em seu movimento real, antes refletindo a orientação inerente às ciências humanas tradicionais. Seria mais exato e neutro imaginar uma sequência infinita de transformações, sem começo nem fim, sem primeiro ou segundo, pior ou melhor. Salta à vista o alívio proporcionado ao amor-próprio e também à inquietação do mundo subdesenvolvido, tributário, como diz o nome, dos países centrais. De atrasados passaríamos a adiantados, de desvio a paradigma, de inferiores a superiores (aquela mesma superioridade, aliás, que esta análise visa suprimir), isto porque os países que vivem na humilhação da cópia explícita e inevitável estão mais preparados que a metrópole para abrir mão das ilusões da origem primeira (ainda que a lebre tenha sido levantada lá e não aqui). Sobretudo o problema da cultura reflexa deixaria de ser particularmente nosso, e, de certo ângulo, em lugar da almejada europeização ou americanização da América Latina, assistiríamos à latino-americanização das culturas centrais. Leiam-se, desse ponto de vista, "O entrelugar do discurso latino-americano", de Silviano Santiago,[3] e "Da razão antropofágica: diálogo e diferença na cultura brasileira", de Haroldo de Campos.[4]

Resta ver se o rompimento conceitual com o primado da origem leva a equacionar ou combater relações de subordinação efetiva. Será que as inovações do mundo avançado se tornam dispensáveis uma vez desvestidas do prestígio da originalidade? Tampouco basta privá-las de sua auréola para estar em condição de utilizá-las livremente e transformá-las de modo a que não sejam postiças. Contrariamente ao que aquela análise faz supor, a quebra do deslumbramento cultural do subdesenvolvido não afeta o fundamento da situação, que é prático. A reprodução de soluções de ponta responde a necessidades culturais, econômicas e políticas de que a noção de cópia, com sua conotação psicologizante, não dá ideia e as quais não especifica. Em decorrência o exame desta noção, se ficar no mesmo plano, sofre de limitação igual, e a radicalidade de uma análise que passa ao largo das causas eficazes tem por sua vez alguma coisa de enganoso. Digamos que a fatalidade da imitação cultural se prende a um conjunto particular de constrangimentos históricos em relação ao qual a crítica de corte filosófico abstrato, como essa a que nos referimos, parece impotente. Ainda aqui o nacionalismo é argumentativamente a parte fraca, mas nem por isso sua superação filosófica satisfaz, pois nada diz sobre as realidades a que ele deve a força. Entre parênteses, note-se que nestes últimos tempos a quase ausência do nacionalismo no debate intelectual sério tem andado ao par com a sua presença crescente na área da administração da cultura, onde para mal ou para bem não há como fugir à existência efetiva da dimensão nacional. A volta pela outra porta reflete um paradoxo incontornável do presente, em que o espaço econômico está internacionalizado (o que é diferente de homogeneizado), mas a arena política não.

Na década de 1920 o programa pau-brasil e antropofágico de Oswald de Andrade também tentou uma interpretação triunfalista de nosso atraso. A dissonância entre padrões burgueses e realidades derivadas do patriarcado rural forma no centro de sua poesia. Ao primeiro dos dois elementos cabe o papel de veleidade disparatada ("Rui Barbosa: uma cartola na Senegâmbia").

O desajuste não é encarado como vexame, e sim com otimismo — aí a novidade — como indício de inocência nacional e da possibilidade de um rumo histórico alternativo, quer dizer, não burguês. Este progressismo sui generis se completa pela aposta na tecnificação: inocência brasileira (fruto de cristianização e aburguesamento apenas superficiais) + técnica = utopia. A ideia é aproveitar o progresso material moderno para saltar da sociedade pré-burguesa diretamente ao paraíso. O próprio Marx na carta famosa a Vera Sassulitch (1881) especulava sobre uma hipótese parecida, segundo a qual a comuna camponesa russa alcançaria o socialismo sem interregno capitalista, graças aos meios que o progresso do Ocidente colocava à sua disposição. Neste mesmo sentido, ainda que em registro onde piada, provocação, filosofia da história e profetismo estão indistintos (como aliás mais tarde em Glauber Rocha), a Antropofagia visava queimar uma etapa.

Voltando porém ao sentimento de cópia e inadequação causado no Brasil pela cultura ocidental, está claro que o programa de Oswald lhe alterava a tônica. É o primitivismo local que devolverá à cansada cultura europeia o sentido moderno, quer dizer, livre da maceração cristã e do utilitarismo capitalista. A experiência brasileira seria um ponto cardeal diferenciado e com virtualidade utópica no mapa da história contemporânea (algo semelhante está insinuado nos poemas de Mário de Andrade e Raul Bopp sobre a preguiça amazônica). Foi profunda portanto a viravolta valorativa operada pelo modernismo: pela primeira vez o processo em curso no Brasil é considerado e sopesado diretamente no contexto da atualidade mundial, como tendo algo a oferecer no capítulo. Em lugar de embasbacamento, Oswald propunha uma postura cultural irreverente e sem sentimento de inferioridade, metaforizado na deglutição do alheio: cópia sim, mas regeneradora. A distância no tempo torna visível a parte de ingenuidade e também ufanismo nestas propostas extraordinárias.

A voga dos manifestos oswaldianos a partir da década de 1960, e sobretudo nos anos 1970, ocorre em contexto muito diverso do primitivo. O pano de fundo agora é dado pela ditadura militar, ávida de progresso técnico, aliada ao grande capital, nacional e internacional, e menos repressiva que o esperado em matéria de costumes. No outro campo, a tentativa de passar à guerra revolucionária para derrubar o capitalismo também alterava as acepções do que fosse "radical". Em suma, nada a ver com a estreiteza provinciana dos anos 1920, por oposição à qual a rebelião antropofágica fazia figura libertária e esclarecida em alto grau. Nas novas circunstâncias o otimismo técnico tem pernas curtas, ao passo que a irreverência cultural e o deboche próprios à devoração oswaldiana adquirem conotação exasperada,[5] próxima da ação direta, sem prejuízo do resultado artístico muitas vezes bom. Em detrimento da limpidez construtiva e do lance agudo, tão peculiares ao espírito praticado por Oswald, sobe a cotação dos procedimentos primários e avacalhantes, que ele também cultivava. A deglutição sem culpa pode exemplificar uma evolução desta espécie. O que era liberdade em face do catolicismo, da burguesia e do deslumbramento diante da Europa é hoje, nos anos 1980, um álibi desajeitado e rombudo para lidar acriticamente com as ambiguidades da cultura de massa, que pedem lucidez. Como não notar que o sujeito da Antropofagia — semelhante, neste ponto, ao nacionalismo — é o brasileiro em geral, sem especificação de classe? Ou que a analogia com o processo digestivo nada esclarece da política e estética do processo cultural contemporâneo?

Em síntese, desde o século passado existe entre as pessoas educadas do Brasil — o que é uma categoria social, mais do que um elogio — o sentimento de viverem entre instituições e ideias que são copiadas do estrangeiro e não refletem a realidade local. Contudo, não basta renunciar ao empréstimo para pensar e viver de modo mais autêntico. Aliás, esta renúncia não é pensável. Por outro lado, a destruição filosófica da noção de cópia tampouco faz desaparecer o problema. Idem para a inocência programática com que o antropófago ignora o constrangimento, o qual teima em reaparecer. "*Tupi or not Tupi, that is the question*", na famosa fórmula de Oswald, cujo teor de contradição — a busca da identidade nacional passando pela língua inglesa, por uma citação clássica e um trocadilho — diz muito sobre o impasse.

Vista em perspectiva histórica a questão talvez se descomplique. Sílvio Romero tem excelentes observações a respeito, de mistura com vários absurdos. O trecho que vamos citar e comentar está num livro escrito em 1897 contra Machado de Assis, justamente para provar que a arte deste não passava de anglomania inepta, servil, inadequada etc.

> Deu-se, entretanto, uma espécie de disparate [...]: uma pequena elite intelectual separou-se notavelmente do grosso da população, e, ao passo que esta permanece quase inteiramente inculta, aquela, sendo em especial dotada da faculdade de aprender e imitar, atirou-se a copiar na política e nas letras quanta coisa foi encontrando no Velho Mundo, e chegamos hoje ao ponto de termos uma literatura e uma política exóticas, que vivem e procriam em uma estufa, sem relações com o ambiente e a temperatura exterior. É este o mal de nossa habilidade ilusória e falha de mestiços e meridionais, apaixonados, fantasistas, capazes de imitar, porém organicamente impróprios para criar, para inventar, para produzir coisa nossa e que saia do fundo imediato ou longínquo de nossa vida e de nossa história.
>
> Durante os tempos coloniais, a hábil política da segregação, afastando-nos dos estrangeiros, manteve-nos um certo espírito de coesão. Por isso tivemos Basílio,

Durão, Gonzaga, Alvarenga Peixoto, Cláudio e Silva Alvarenga, que se moveram num meio de ideias puramente portuguesas e brasileiras.

Com o primeiro imperador e a Regência, a pequena fresta (aberta) no muro de nosso isolamento por d. João VI alargou-se, e começamos a copiar o romantismo político e literário dos franceses.

Macaqueamos a carta de 1814, transplantamos para cá as fantasias de Benjamin Constant, arremedamos o parlamentarismo e a política constitucional do autor de *Adolphe*, de mistura com a poesia e os sonhos do autor de *René* e *Atala*.

O povo, este continua a ser analfabeto.

O segundo reinado, com sua política vacilante, incerta, incapaz, durante cinquenta anos, escancarou todas as portas, e fê-lo tumultuariamente, sem discrímem, sem critério. A imitação, a macaqueação de tudo, modas, costumes, leis, códigos, versos, dramas, romances, foi a regra geral.

A comunicação direta para o velho continente pelos paquetes de linha regular engrossou a corrente da imitação, da cópia servil.

[...]

E eis porque, como cópia, como arremedo, como *pastiche* para inglês ver, não há povo que tenha melhor constituição no papel, [...] tudo melhor... no papel. A realidade é horrível![6]

As descrições e as explicações de Sílvio são desencontradas, às vezes incompatíveis, e interessam ora pelo argumento, ora pela ideologia característica. Ao leitor de hoje convém examiná-las em separado. O esquema básico seria o seguinte: uma pequena elite dedica-se a copiar a cultura do Velho Mundo, destacando-se assim do grosso do povo, que permanece inculto. Em consequência, literatura e política têm posição *exótica* e seremos incapazes de *criar coisa nossa, que saia do fundo de nossa vida e história*. Implícita na reclamação está a norma da cultura nacional orgânica, passavelmente homogênea e com fundo popular, norma aliás que não pode ser reduzida a uma ilusão da historiografia literária ou do Romantismo, pois em certa medida expressa as condições da cidadania moderna. É por oposição a ela que o quadro brasileiro — minoria europeizada, maioria ignorante — configura um *disparate*. Por outro lado, para situá-la realisticamente, note-se que a exigência de organicidade coincidia no tempo com a expansão de imperialismo e ciência organizada, duas tendências que tornavam obsoleta a hipótese de uma cultura nacional autocentrada e harmônica.

O pecado original, causa da desconexão, foi a cópia. Os efeitos negativos dela entretanto estão no plano da cisão social: cultura *sem relações com o ambiente*, produção que não sai *do fundo de nossa vida*. Ora, a desproporção entre efeitos e causa é tamanha que leva a duvidar desta última e a desconsiderá-la. São as indicações mesmas do Autor que convidam a raciocinar em linha diferente da sua. Abrindo um parênteses, note-se que o próprio do *disparate* é ser evitável e que, de fato, o argumento e a invectiva de Sílvio fazem crer que é obrigação da elite corrigir o erro que a distanciou da população. A crítica ambicionava tornar intolerável o abismo entre as classes, quer dizer, intolerável *para os cultos*, já que no Brasil recém-saído da escravatura a debilidade do campo popular desestimulava outras noções.

Assim, a origem de nosso disparate cultural está na *aptidão imitativa de mestiços e meridionais, pouco dotados para a criação*. A petição de princípio é óbvia, pois a imitação se explica pela bossa — racial — para aquela mesma imitação que se queria explicar, no que aliás o Autor imitava o naturalismo científico em voga na Europa. São explicações hoje difíceis de levar a sé-

AS IDEIAS FORA DO LUGAR

rio, e que no entanto merecem exame enquanto voz corrente e mecanismo ideológico. Se a causa da tendência brasileira para a cópia é racial, por que só a elite terá copiado? Por outro lado é claro que, se todos copiassem, desapareceriam como por encanto os mencionados efeitos de "exotismo" (falta de relações com o ambiente) e "disparate" (separação entre elite e povo), e, com eles, todo o problema. *Este portanto não se devia à cópia, mas ao fato de que só uma classe copiava.* A explicação não deve ser de raça, mas de classe.

Nos parágrafos seguintes Sílvio esboça o histórico do vício imitativo da cultura brasileira. O ponto zero da evolução está no período colonial, quando os escritores se moviam "num meio de ideias puramente portuguesas e brasileiras". Entretanto, a distância entre elite e população seria menor naquele tempo? o amor da cópia menos vivo? Seguramente não, e aliás não é isso que está dito. A *coesão* a que se refere a passagem era de outra ordem, efeito da "hábil política da segregação" (!), que separava o Brasil de tudo que não fosse português. A comparação noutras palavras é sem objeto, pois num caso a exigência de homogeneidade se aplica a uma estrutura social, extraordinária pela desigualdade, e no outro à proibição de ideias estrangeiras. Contudo, se a explicação não convence, a observação que ela devia esclarecer é justa: antes do século XIX a cópia do modelo europeu e a distância entre letrados e população não constituíam "disparate". Digamos, esquematizando ao extremo, que na situação colonial o letrado é solidário da metrópole, da tradição do Ocidente e também de seus confrades, mas não da população local. Nestas circunstâncias, o cultivo do padrão metropolitano e o afastamento cultural em relação ao meio não aparecem como deficiência, até pelo contrário. Acresce que a estética neoclássica é universalista e valoriza o respeito e a prática das formas canônicas, de modo que também no plano da teoria da arte a imitação aparecia como um valor positivo. Na boa observação de Antonio Candido, o poeta árcade que metia uma ninfa no ribeirão do Carmo não estava faltando com a originalidade: incorporava Minas Gerais à tradição do Ocidente, e, meritoriamente, cultivava esta mesma tradição naquelas afastadas terras.[7]

Portanto a cópia não nasceu com a abertura dos portos e a Independência, como queria Sílvio, mas é verdade que só a partir daí ela se torna o insolúvel problema que até hoje se discute e que solicita termos como *macaqueação*, *arremedo* ou *pastiche*. Por que motivo a imitação passava a ter conotação pejorativa?

É sabido que a Independência brasileira não foi uma revolução: ressalvadas a mudança no relacionamento externo e a reorganização administrativa no topo, a estrutura econômico-social criada pela exploração colonial continuava intacta, agora em benefício das classes dominantes locais. Diante dessa persistência, era inevitável que as formas modernas de civilização, vindas na esteira da emancipação política e implicando liberdade e cidadania, parecessem estrangeiras — ou postiças, antinacionais, emprestadas, despropositadas etc., conforme a preferência dos diferentes críticos. A violência da adjetivação indica as contorções do amor-próprio brasileiro (de elite), obrigado a desmerecer em nome do progresso os fundamentos de sua preeminência social, ou vice-versa, opção deprimente nos dois casos. De um lado, tráfico negreiro, latifúndio, escravidão e mandonismo, um complexo de relações com regra própria, firmado durante a Colônia e ao qual o universalismo da civilização burguesa não chegava; de outro, sendo posto em xeque pelo primeiro, mas pondo-o em xeque também, a Lei (igual para todos), a separação entre o público e o privado, as liberdades civis, o parlamento, o patriotismo romântico etc. A convivência familiar e estabilizada entre estas concepções em princípio incompatíveis esteve no centro da inquietação ideológico-moral do Brasil oitocentista. A uns a herança colonial parecia um resíduo que logo seria superado pela marcha do progresso. Outros viam nela o país autêntico, a ser preservado contra imitações absurdas. Outros ainda desejavam harmonizar progresso e trabalho escravo, para não abrir mão de nenhum dos dois, e outros mais consideravam que esta conciliação já existia e era desmoralizante. A crítica de Sílvio por sua vez, contemporânea do declínio do Segundo Reinado, usa argumentos conservadores dentro de ânimo progressista: salienta o país "real", fruto e continuação do autoritarismo da Colônia, mas para combatê-lo; e menospreza o país "ilusório", das leis, dos bacharéis, da cultura importada, depreciado por inoperante. Daí a sua observação: "não há povo que tenha melhor constituição no papel [...]. A realidade é horrível!".

A lista de arremedos lembrada por Sílvio e que a alfândega faria bem de barrar inclui modas, costumes, leis, códigos, versos, dramas e romances. Um a um, medidos pela realidade social do país, estes itens efetivamente podiam parecer importação supérflua, destinada a tapar a indigência real e a encenar a ilusão do progresso. Vistos em conjunto, entretanto, são aspectos da constituição e do aparelhamento do novo Estado nacional, bem como da participação das novas elites na cultura contemporânea. Sem prejuízo da aparência postiça, estranha ao andamento cotidiano dos negócios, este dado é mais inseparável do quadro que a própria escravidão, a qual adiante seria substituída por outras formas de trabalho compulsório, também elas incompatíveis com a pretensão esclarecida. Corrido o tempo, a marca ubíqua de "inautenticidade" veio a ser concebida como a parte mais autêntica do espetáculo brasileiro, algo como um penhor de identidade. Privados de seu contexto oitocentista europeu e acoplados ao mundo da sociabilidade colonial, os melhoramentos da civilização que importávamos passavam a operar segundo outra regra, diversa da consagrada nos países hegemônicos. Daí o sentimento tão difundido de pastiche indigno, a que escapava Machado de Assis, cuja grande imparcialidade permitia ver um modo particular de funcionamento ideológico onde os demais críticos só enxergavam esvaziamento. Em palavras de Sérgio Buarque de Holanda:

> A presteza com que na antiga colônia chegara a difundir-se a pregação das "ideias novas", e o fervor com que em muitos círculos elas foram abraçadas às vésperas da Independência mostram, de modo inequívoco, a possibilidade que tinham de atender a um desejo insofrido de mudar, à generalizada certeza de que o povo, afinal, se achava amadurecido para a mudança. Mas também é claro que a ordem social expressa por elas estava longe de encontrar aqui o seu equivalente exato, mormente fora dos meios citadinos. Outra era a articulação da sociedade, outros os critérios básicos de exploração econômica e da repartição de privilégios, de sorte que não podiam, essas ideias, ter o sentido que lhes era dado em parte da Europa ou da antiga América inglesa [...]. O resultado é que as fórmulas e palavras são as mesmas, embora fossem diversos o conteúdo e o significado que aqui passavam a assumir.[8]

Digamos que o passo da Colônia ao Estado autônomo acarretava a colaboração assídua entre as formas de vida características da opressão colonial e as inovações do progresso burguês. A nova etapa do capitalismo desmanchava a relação exclusiva com a metrópole, transformava os proprietários locais e administradores em classe dominante nacional, virtualmente parte da burguesia mundial em constituição, e conservava entretanto as antigas formas de exploração do trabalho, cuja redefinição moderna até hoje não se completou. Noutras palavras, a discrepância entre os "dois Brasis" não é produzida pela veia imitativa, como pensavam Sílvio e muitos outros, nem marca um curto momento de transição. Ela foi o resultado duradouro da criação do Estado nacional sobre base de trabalho escravo, a qual por sua vez, com perdão da brevidade, decorria da Revolução Industrial inglesa e da consequente crise do antigo sistema colonial, quer dizer, *decorria da história contemporânea*.[9] Assim, a má-formação brasileira, dita atrasada, manifesta a ordem da atualidade a mesmo título que o progresso dos países adiantados. Os "disparates" de Sílvio — na verdade as desarmonias ciclópicas do capitalismo mundial — não são desvios. Prendem-se à finalidade mesma do processo, que, na parte que coube ao Brasil, exige a reiteração do trabalho forçado ou semiforçado e a decorrente segregação cultural dos pobres. Com modificações, muito disso veio até os nossos dias. No momento o panorama parece estar mudando, devido a consumo e comunicação de massas, cujo efeito à primeira vista é antissegregador. São os novíssimos termos da opressão e expropriação cultural, pouco examinados por enquanto.

Assim, a tese da cópia cultural é ideologia na acepção marxista do termo, quer dizer, uma ilusão bem fundada nas aparências: a coexistência entre princípios burgueses e do antigo regime, fato muito notório e glosado, é explicada segundo um esquema plausível, de alcance abrangente e fundamento individualista, em que efeitos e causas estão trocados em toda linha.

A cópia tem por consequência, segundo Sílvio, a falta de denominador comum entre a cultura do povo e da elite, bem como a pouca impregnação nacional desta última. Por que não fazer o raciocínio inverso? Neste caso, a feição "copiada" de nossa cultura resultaria de formas de desigualdade brutais a ponto de lhes faltarem mínimos de reciprocidade — o denominador comum ausente — sem os quais a sociedade moderna de fato só podia parecer artificiosa e "importada". O descaso *impatriótico* (adotada a ideia de nação que era norma) da classe dominante pelas vidas que explorava a tornava estrangeira em seu próprio juízo... A origem colonial e escravista destas causas salta aos olhos.

As deficiências comumente associadas à imitação explicam-se da mesma maneira. Conforme os seus críticos, a cópia está nos antípodas de originalidade, criação com sentido nacional, juízo independente e adequado às circunstâncias etc. Ora, no extremo a dominação absoluta faz que a cultura nada expresse das condições que lhe dão vida, se excetuarmos o traço de futilidade que resulta disso mesmo e que alguns escritores souberam explorar. Daí "uma literatura e uma política exóticas", sem ligação com o "fundo imediato ou longínquo de nossa vida e de nossa história", assim como a ausência de "discrímen" e "critério", e sobretudo a convicção muito pronunciada de que é tudo só papel. Noutras palavras, o sentimento aflitivo da civilização imitada não é produzido pela imitação, presente em qualquer caso, mas pela estrutura social do país, que confere à cultura uma posição insustentável, contraditória com o seu autoconceito, e que entretanto já na época não era tão estéril quanto os argumentos de Sílvio fazem crer. Complementarmente, a esfera segregada tampouco permanecia improdutiva, e suas manifestações mais adiante teriam, para o intelectual de extração culta, o valor de uma componente não burguesa da vida nacional, servindo-lhe como fixador da identidade brasileira (com as ambiguidades óbvias).

A denúncia do transplante cultural veio a ser o eixo de uma perspectiva crítica ingênua e difundida. Para concluir, vejamos alguns de seus inconvenientes.

1) Ela faz supor que a imitação seja evitável, aprisionando o leitor num falso problema.

2) O que é um mal-estar de classe dominante, ligado à dificuldade de conciliar moralmente as vantagens do

progresso e do escravismo ou sucedâneos, aparece como feição nacional.

3) Fica sugerido que as elites poderiam se conduzir de outro modo, sanando o problema, o que equivale a pedir que o beneficiário de uma situação acabe com ela.

4) Por sua lógica o argumento oculta o essencial, pois concentra a crítica na relação entre elite e modelo, quando o ponto decisivo está na segregação dos pobres, excluídos do universo da cultura contemporânea.

5) A solução implícita está na autorreforma da classe dominante, a qual deixaria de imitar; conforme vimos não é disso que se trata, mas do acesso dos trabalhadores aos termos da atualidade, para que os possam retomar segundo o seu interesse, o que — neste campo — vale como definição de democracia.

6) Quem diz cópia pensa nalgum original, que tem a precedência, está noutra parte, e do qual a primeira é o reflexo inferior. Esta diminuição genérica frequentemente responde à consciência que têm de si as elites latino-americanas, e dá consistência mítica, no plano da cultura, sob forma de especializações regionais do espírito, às desigualdades econômico-tecnológico-políticas próprias ao quadro internacional (o autêntico e criativo está para a imitação como os países adiantados para os atrasados). Nem por isso adianta passar ao polo oposto: as objeções filosóficas ao conceito de originalidade levam a considerar inexistente um problema efetivo, que seria absurdo desconhecer. A historiografia da cultura ficou devendo o passo globalizante dado pela economia e sociologia de esquerda, que estudam o nosso "atraso" como parte da história contemporânea do capital *e de seus avanços*.[10] Visto do ângulo da cópia, o anacronismo formado pela justaposição de formas da civilização moderna e realidades originadas na Colônia é um modo de não-ser, ou ainda, a realização vexatoriamente imperfeita de um modelo que está alhures. Já o crítico dialético

busca no mesmo anacronismo uma figura da atualidade e de seu andamento promissor, grotesco ou catastrófico.

7) A ideia de cópia discutida aqui opõe o nacional ao estrangeiro e o original ao imitado, oposições que são irreais e não permitem ver a parte do estrangeiro no próprio, a parte do imitado no original, e também a parte original no imitado (Paulo Emílio Sales Gomes fala de "nossa incompetência criativa em copiar").[11] Salvo engano, o quadro pressupõe o seguinte arranjo de três elementos: um sujeito brasileiro, a realidade do país, a civilização das nações adiantadas — sendo que a última ajuda o primeiro a esquecer a segunda. Também este esquema é irreal e impede de notar o que importa, a saber, a dimensão organizada e cumulativa do processo, a força potenciadora da tradição, mesmo ruim, as relações de poder em jogo, internacionais inclusive. Sem prejuízo de seus aspectos inaceitáveis — para quem? —, a vida cultural tem dinamismos próprios, de que a eventual originalidade, bem como a falta dela, são elementos entre outros. A questão da cópia não é falsa, desde que tratada pragmaticamente, de um ponto de vista estético e político, e liberta da mitológica exigência da criação a partir do nada.

Sobre as *Três mulheres*
de três PPPês

ao B.

Em arte, só quem rompe um código se conforma ao código da modernidade. Ocorre que todos agora nos queremos modernos, e que, no fundo, ninguém mais se apega a código nenhum. Segue-se que a situação da vanguarda fica muito facilitada, ao mesmo tempo que se complica. É claro que não é o caso de voltar atrás, o que aliás nem seria possível, pois o tradicionalismo técnico já não se encontra e não é mais um adversário de primeira linha. Sua existência é um resíduo provinciano, e dia a dia está mais evidente o parentesco, e não o antagonismo, entre a inovação pela inovação e o movimento geral da sociedade. Basta pensar na produção pela produção, na revolução tecnológica e científica, e na vocação modernista da publicidade. Noutras palavras, quando se confina à dimensão técnica, o radicalismo experimental é hoje uma atitude benquista e alienada como outras. À semelhança do que se passa no campo das forças produtivas, o progresso técnico em estética chegou a um impasse. Assim, talvez o rigor agora não esteja na destruição (redundante) de linguagens que já não resistem, mas na capacidade de tirar um partido vivo, tão a par das coisas e sem prevenção quanto possível, desta terra de ninguém que é o nosso habitat atual.

À primeira vista o livro de Paulo Emílio[1] é um divertimento, de muita qualidade mas convencional. Três novelas conjugais, de enredo picante, cheio de surpresas e suspense. Contudo, esta armação é tratada com recuo. Ela serve ao gosto maldoso do autor pelas situações acanastradas, e sobretudo à sua simpatia — esta sem maldade — pelos movimentos vivazes, ainda quando sejam tontos. Aliás, a vivacidade na bobagem parece encerrar para Paulo Emílio alguma coisa preciosa, um atestado de vida e imaginação em regiões que se julgariam mortas (no campo da crítica de cinema, o seu entusiasmo pelo mau filme nacional talvez tenha a ver com isto). Noutras palavras, os recursos do suspense e os dramas familiares estão em primeiro plano, mas distanciados, e tratados dentro de um espírito imprevisto. Seu convencionalismo está entretecido com a prosa esplendidamente desabusada e flexível do autor, que paira como uma enorme risada sobre a estreiteza do assunto e a obviedade dos andaimes narrativos.

Esta mesma distância aparece no interior do estilo. Trata-se da imitação de uma prosa solene, muito paulista segundo o parecer de uma observadora — mas quem imita é um espírito moderno, experiente, de esquerda e antifamília ("Sou um liberal conservador, respeito a tradição alheia mas em matéria de família sou subversivo e não suporto a minha").[2] O pastiche reúne à elegância uma dimensão cara de pau, de farsa grossa, que é do melhor efeito. Há também uma lembrança de surrealismo na gravidade com que a prosa meticulosa e muito sintática acolhe asneiras escolhidas a dedo.

Contrariedades conjugais, viravoltas do enredo, prosa engomada, são questões que o modernismo liquidou. E de fato, Paulo Emílio não as liquida uma segunda vez. Pelo contrário, ele as invoca, dentro mesmo da vigência indigente que na prática elas conservaram, para expô-las ao vexame de uma reiteração aprimorada. Aí a sua atualidade literária, a qual decorre de razões que a crítica mais adiantada não costuma reconhecer.

É certo, ao menos em parte, que a linha mestra da vanguarda esteve na ruptura de convenções artísticas, donde a reputação tecnicista e de obscuridade que acompanha os seus melhores produtos. Entretanto, este aspecto saliente não é tudo. Atrás da ruptura tem de estar uma atividade crítica mais ampla e menos especializada, à luz da qual a inovação técnica apareça como um avanço. Esta atividade, que se poderia chamar a envergadura intelectual do escritor, não necessita ter existência literária separada, e nos habituamos mesmo a dizer que ela não importa (isto para escapar ao problema que põem os artistas de direita, e os que não sabem se explicar). Entretanto ela representa, na esfera pessoal, o esforço de veracidade e razão cujo efeito liberador apreciamos no plano da invenção artística. São as qualidades pessoais do vanguardista, que podem ser produtivas esteticamente, mas que têm existência também extraestética, digamos civil. Pois bem, é nesta qualidade extraestética que Paulo Emílio as incorpora à sua arte literária. Esta se alimenta diretamente da liberdade de espírito de um homem agudo e vivido, e a transforma em valor poético imediato, o que aliás também é uma solução formal, justamente a que nos interessa. Daí, seja dito de passagem, um clima de inteligência pouco frequente em nossas letras, tão voltadas para o passado, a região e as proezas de linguagem. Digamos, no caso, que a forma um pouco antiga é usada como barragem, que a cada frase faz saltar e perfilar-se o espírito libertário do autor, o que é um belo espetáculo. Aí enfim a sua atualidade: no momento em que o experimentalismo técnico parece relativamente domesticado e recuperado, é no espírito crítico enquanto tal que se refugia a verdadeira modernidade, que paradoxalmente pode até se apoiar numa aparência de convencionalismo formal. São raciocínios que parecem dialética para boi dormir, mas o leitor faça a experiência de comparar a prosa de Paulo Emílio à de nossos vanguardistas diplomados, e verá de que lado está o espírito moderno.

Três mulheres lê-se com uma curiosidade incrível. Esta se deve um pouco ao suspense da narrativa, e muito, em minha opinião, ao desejo de obter revelações a respeito do assunto, cujo interesse prático não podia ser maior. Trata-se do livro de um grande conhecedor do terreno conjugal, e as suas formulações incisivas são numerosas nessa matéria. Como na literatura do século XVIII, e mais recentemente em Proust, o gosto de fazer a luz está em primeiro plano. A prestança intelectual requerida por este gênero mais robusto, em que a imaginação e prática estão aliadas, é exterior à especialização artística. O leitor se convence de que está diante de um mestre, e que tem interesse em aprender.

Por outro lado, esta valorização não estética do assunto e da força intelectual do escritor tem também ela consequências formais: a prosa de ficção de Paulo Emílio é de ensaísta, e não de "artista". Esta observação parece talvez errada, dados os elementos de artifício e vodevile da narrativa (as coincidências, os enigmas a que o final traz resposta, as repetidas viravoltas de perspectiva, o precipitar dos acontecimentos, o suspense etc.). Aí porém o paradoxo, pois é acentuando esses elementos que o autor lhes corta a primazia. A despeito da muita movimentação, a situação fictícia não é mais que um suporte, comicamente arbitrário e anacrônico, da dimensão reflexiva e documentária. Por uma via inesperada, a literatura de Paulo Emílio obedece à tendência geral da vanguarda, para a atrofia da ficção. Ou melhor, para a "racionalização" desta, que se concebe como simples instrumento de sondagem.

Entretanto é preciso qualificar este quadro, e ajuntar que a maestria no caso não dá solução nem significa superioridade. Esta última existe, mas em estado de dispersão, por assim dizer para ninguém, e é seu beneficiário quem não existe (o que reconfirma, dentro mesmo da busca da excelência, a proibição moderna da personagem positiva). A prosa é de mestre, mas quem a formula são personagens escolhidamente patetas, envolvidas com numerologia, imagens de santos, encômios à dama paulista e outras manias. O senhor que redige a última história passa o melhor de suas tardes olhando para os ladrilhos de um bar, em que está pintada uma menina que segura um peru. *Entre a limitação das personagens e a inteligência de sua escrita o desacordo é total, e a conjunção é forçada.* Este é o X estético do livro.

No plano da verossimilhança elementar, é talvez um defeito, com repercussões: a proximidade da piada é excessiva, e persegue um pouco a leitura. Noutros planos entretanto a sua poesia, se é possível dizer assim, é inegável além de inesperada. A clarividência que não capitula diante da estupidez mas tampouco lhe desarma os dispositivos representa, em si mesma, um sentimento da vida. Com deliberada isenção, o espírito plana sobre o desenrolar de sua existência privada, em que não falta o primarismo. Há nisto uma superioridade sem presunção de redentora, uma aceitação do que é da contingência, que são façanhas humanas e literárias. Tanto mais que este desapego é sem degradação, pois, não tendo ilusões sobre o que podem a lucidez e a liberdade, as preza ao máximo.

Digamos enfim que este desacordo é expressivo também de uma contradição mais particular e de classe. A visão abrangente e sintética a que se ergueu a inteligência burguesa, em sua fina flor, tem de se acomodar às finalidades acanhadas de sua vida real. Em palavras do narrador da segunda história, "meus sonhos juvenis de suprema elegância, poder e cultura, tinham se reduzido a um nível bem paulista".[3] No essencial, trata-se de uma forma em que "eu" é um outro. Vejam-se neste sentido as expressões comprometedoras ou ridículas com que o narrador, naturalmente porque o autor quer assim, deixa mal a sua reputação e a de sua classe social. Por exemplo, quando se diz "um defensor da ordem política e social, o que realmente sou mas no terreno das ideias, não em funções ativas de alcaguete";[4] quando menciona a Rússia, "país que me assusta e a respeito do qual falo o menos possível";[5] quando lembra com orgulho o nome que lhe dava a mulher, de "doutorzão", em vista de seu calibre;[6] quando se confessa antigo fascista e admirador de Hitler;[7] quando vê na construção de novos hospitais um sinal de decadência da saúde popular etc.[8] Desamparados do contexto, estes exemplos não dão ideia suficiente do gosto pelo insulto, ainda que indireto, presente nestas novelas, da alegria selvagem de se apresentar como um cretino. É certo que "eu" é um outro — mas só até certo ponto. Trata-se de uma equação do espírito que se pode entender, talvez, como o acordo alegre, e mesmo a colaboração discreta, com o naufrágio da própria classe social.

Embora seja muitas vezes longa e complexa, a frase de Paulo Emílio é sempre concebida de um fôlego só. O seu risco, a que se prende um quê de aventuroso, é de não chegar sem tropeços ao ponto final. É como se ela devesse, antes de baixar ao papel, passar um teste de energia, fluidez e boa sorte, que é um ideal de vida tanto quanto de sintaxe. O seu gesto é oral, mas sem contemplação com as comodidades de retórica que permitem ao orador ganhar tempo ou voltar atrás. A sua lei é a sucessão em ato e irreversível em que a complexidade tem de se dispor sem deixar resto, o que muitas vezes é uma façanha. Uma exigência de total e instantânea presença do espírito a si mesmo, exigência severa, considerando-se a disparidade dos pontos de vista que tem na cabeça um intelectual moderno. Quanto ao ritmo, é talvez como alguém que apressa a fala pois vislumbra a sequência que lhe permite desenrolar o sentido inteiro da frase, sem esquecimentos, sem complicações e sem acidentes gramaticais de percurso. A manifestação estilística mais saliente no caso está na parcimônia de vírgulas, tornadas dispensáveis pela clareza dos encadeamentos, ou melhor, engolidas pela aceleração da fluência causada pela clareza e concentração mentais que presidem a esta dicção. É ela, a claridade intensificada, o verdadeiro pré-requisito deste estilo, que tem semelhanças com o Oswald da crônica e com Breton. Para precisar a diferença, digamos que nas pausas da virgulação normal há sempre redundâncias. Estas expressam o automatismo da respiração, ou simplesmente a convenção gramatical, duas instâncias que estão aquém das articulações mais finas do pensamento. Assim, o sumiço das vírgulas supérfluas representa uma concentração mais exclusiva na inteligibilidade e um maior teor de logicidade da frase. A fala que Paulo Emílio procura é, se é possível dizer assim, antes pensada que dita, e é portanto mais rápida. O efeito de aceleração concentra-se nas articulações: onde havia uma vírgula, para separar, e um conectivo, para articular, resta só este último. Os dois momentos comprimem-se num só, além de que os conectivos, sem o espaço algo inespecífico assegurado pela vírgula, são exigidos de maneira mais estrita e diferenciada, e absorvidos no movimento do sentido. Em lugar de sua função gramatical esquemática, de enquadramento, sempre um pouco exterior ao que se passa na frase, afloram os seus valores linguísticos mais sutis, e com eles algo como uma poesia dos encadeamentos. Note-se que a gramática normativa não é desrespeitada, pelo contrário. Mas as suas responsabilidades na sustentação do sentido ficam minoradas. E se é certo que há grande perícia sintática da parte do autor, ela lhe serve sobretudo para não tropeçar. São passos do trabalho de desconvencionalização e racionalização da linguagem, próprio à arte moderna. E é mais outro aspecto imprevisto da convergência de *Três mulheres* com a literatura de vanguarda. Esta última quebra as formas de representação e linguagem correntes, a fim de chegar a um material limpo de automatismos e ideologia. Já Paulo Emílio vence a inércia da frase aumentando-lhe a fluência e a velocidade.

Por outro lado, depois de assinalar a economia da fala, é preciso insistir igualmente em seu caráter muito imprevisível, não dirigido, pois a conciliação destes dois aspectos normalmente inimigos é de uma extraordinária poesia. De fato, o sentido final das frases é incerto até o último momento delas, sendo que também este não vem quando se espera. Note-se a este propósito uma espécie de segundo alento, de ressurreição da frase, que ocorre ali onde ela pareceria terminar. É como se vencido o instante difícil da formulação, e estando já segura a configuração geral do período, a prosa não se apressasse em fechá-lo, e deixasse afluir mais outra cláusula, que flutua, sem responsabilidades no esforço sintático, mas acrescentando sentido. Propiciado pelo momento de exigência e tensão, um momento de total gratuidade. Este é um ritmo extraordinariamente livre e sugestivo, embora não seja fácil dizer em que consiste a sua sugestão.

Assim, a prosa de Paulo Emílio obedece a exigências máximas — embora expressando intenções e episódios os mais desfrutáveis. Em consequência, desprende-se destes um estapafúrdio clima de nobreza, que é de todos os momentos. É claro que também a nobreza nestas circunstâncias muda de figura, de certo modo para mais democrático. A beleza e o segredo das três novelas encerram-se talvez nesta conjunção.

Se passamos do plano da frase ao da fábula, que por natureza é mais complexo, o ideal de desenvoltura continua o mesmo. Os obstáculos é que são outros. Já não se trata de sintaxe e palavras, mas da lógica da sociedade contemporânea. A inteligibilidade fluente e plena das situações, indispensável à vivacidade sem ponto mor-

AS IDEIAS FORA DO LUGAR

to buscada pela fabulação, só por meio de artifícios se consegue. Como dar brio e espontaneidade à ação, se as finalidades desta são frustras e ostensivamente anacrônicas? Trata-se de um contexto que pede sobretudo explicação. Entretanto, como Proust, Paulo Emílio faz da fluência na análise, que é extraordinária, um simulacro de naturalidade narrativa.

Neste sentido, veja-se outro indício da aceleração da prosa, nas distâncias que ela atravessa. O espaço percorrido entre uma frase e outra e no interior de cada uma delas é grande, em tempo e assunto. Digamos que em cada frase aparecem e se esgotam no mínimo uma ação, relação ou ideia, muito díspares, que não continuam na seguinte. Sem exagero, a narrativa calça botas de sete léguas. Note-se que este andamento da fábula não vai sem pressupostos. Ele depende da redução fluente de assuntos diversos e intrincados à dimensão estreita de um período. Ora, esta fluência na síntese representa o trabalho de uma vida inteira de intelectual. E mais, representa a incorporação do conjunto da atividade intelectual corrente, com seu elenco de especializações e explicações, aos recursos do narrador. Estes recebem uma injeção de amplitude, ao mesmo tempo que extravasam do círculo disciplinado pela experiência tal como um indivíduo a pode caucionar. Por este ângulo, a amplitude do movimento narrativo é função de uma anterior condensação e acumulação, que afetam a ideia de ficção em seu próprio estatuto. No caso, o ficcionista supõe o estudioso moderno, de cuja informação geral e de cujos *resultados*, que são vida já muito mentalizada, dispõe. Para bem e para mal, trabalha portanto com o mundo na versão transparente e sem prevenções, mas hipotético, operacionalizado e de oitiva, que até segunda ordem parece acompanhar a preeminência cultural da explicação científica. Isso em contraste com o mundo anedótico e sugestivo configurado na acumulação da experiência de vida, em que se inspira o narrador tradicional, e que os desenvolvimentos contemporâneos transformaram em repositório de ingenuidades. Assim, digamos que a fabulação está a cavaleiro de um processo de conhecimento coletivo, dominado pela divisão social do trabalho, com critérios objetivados, processo que é a realidade de nossos dias, e diante do qual a atividade narrativa se encontra numa situação talvez difícil — qual autoridade que lhe resta? — e em todo caso nova.

Recapitulando, os mencionados resultados intelectuais não têm a naturalidade que aparentam. São conhecimentos cavados, cujo grau de abstração é grande. A base em que descansam é o processo moderno e social do conhecimento, que não está na medida particularizada de uma fabulação, o que retira à anedota da intriga o essencial de sua autoridade de revelador. A fim de recuperar a espontaneidade narrativa, mas sem abrir mão do nível contemporâneo da reflexão, Paulo Emílio dissolve em sua prosa — à força de maestria pessoal — a panóplia explicativa de nossos dias. A consequência é que seu trabalho deixa, a par da fluência que assombra, o sentimento da pseudonarrativa. Esta afina em profundidade com a cena moderna, e é, pela objetividade da situação a que responde e à qual dá forma, um resultado de vanguarda.[9]

Para exemplo, vejam-se os variados assuntos que passam diante de nossos olhos numas poucas linhas da primeira história. A esterilidade masculina, com o seu cortejo de exames de laboratório; os cálculos perversos do interessado, um professor ateu que aproxima a mulher e um jovem discípulo para chegar à paternidade; a situação em que fica a sua senhora, que é católica; o ponto de vista do confessor horrorizado, que denuncia no mencionado propósito a ofensa a Deus e o pecado contra o próximo; o leque dos argumentos que o professor lhe opõe junto à esposa, que vão do vulgar — o corno sou eu — ao metafísico — as propriedades numerológicas do amor e do número 3.

A unidade da sequência é clara e deve-se aos planos do professor. Mas a sua nota alegre não está aí, está na saliência intelectual das perspectivas secundárias, que parecem desfilar mais ou menos ao acaso: na ligação de vida sentimental e laboratório, na heterogeneidade dos termos presentes ao cálculo conjugal, no enfrentamento entre ateísmo e catolicismo dentro do matrimônio, na teologia e na falta de autoridade do confessor, no método pedagógico do marido, que procede do mais evidente ao mais abstrato. Estes aspectos vêm à baila a propósito da ação, à qual no entanto não se subordinam, pois estão vistos pelo prisma de sua lógica própria. Formulam-se de um ponto de vista geral, que fica atravessado na circunstância particular tecida pelo enredo. A despeito da brevidade e de não terem continuação, cada um deles é em si mesmo um mundo, um mundo de que a autoridade de algum mito está em vias de desaparecer. Representam uma intuição, o resumo de um raciocínio, uma observação sugestiva, ou seja, um resultado apreciável e suficiente da vida intelectual. São conhecimentos sempre vivos e explicativos, às vezes fulgurantes, mas sobretudo situam o foco da vida em dinamismos autônomos, que não nascem com a intriga e não morrem com ela, a cujo teor de particularidade fazem contrapeso.

O conjunto destes momentos esclarecidos, excelentes neles mesmos, compõe entretanto uma assembleia de forças desconexas, de efeito cacofônico, o qual é um tento literário. Noutras palavras, o teor de personalização necessário à fábula individualista (e à esfera conjugal) sofre um contraste cômico, do qual sai negado. A vizinhança metódica do muito pessoal e do comum de todos configura um desequilíbrio que é em si mesmo um juízo histórico, bem como um momento da crise da ficção moderna, além de ser um alegre desaforo. A cena privada se desintegra numa multidão de causas discrepantes e muito ativas, que trabalham sem descanso, mas por conta de ninguém. É como se numa sala de visitas se cruzassem linhas de bonde. Assim, a multiplicidade de aspectos e explicações a que a narrativa recorre para melhor configurar seu assunto contribui em primeiro lugar para a dissolução cômica dele, e é só neste sentido que o aprofunda. Vistas em conjunto, as perspectivas de circunstância são, como era de esperar, essenciais. Compõem um contexto espirituoso e atomizado, em que tudo é ocasional (e portanto vulgar) do ponto de vista da composição, e que no entanto recolhe a experiência racional e crítica de nossos dias e do autor, e por aí, aos pedaços, a objetividade da alienação moderna. Isto em contraste com a intriga — a dimensão globalizante — cuja lógica interna é estrita, mas fortuita (e portanto vulgar, em contraste com a objetividade das observações ocasionais).

Em analogia com o cinema, digamos que se trata de um thriller cujas intenções intelectuais fossem muitas, mas estivessem a cargo do cenógrafo. Este procura dar o essencial da crítica contemporânea em toques de segundo plano, sempre ressalvando o convencionalismo do primeiro, que afinal também se salva, pelo toque satírico. Daí aliás uma correlação muito particular de construção, observação ocasional e razão. O equilíbrio entre a liberdade digressiva das explicações — desde que disciplinadas pela brevidade — e o andamento estrito e dessueto do enredo é um arranjo surpreendente. O movimento da intriga é lógico mas irracional, a razão está nos momentos assistemáticos, que aparecem numerosa e regularmente, e a espontaneidade é mais refletida que a construção. O fato é que neste livro, como na cena contemporânea, a inteligência é muita, está em toda parte, e a irracionalidade não podia ser maior.

No exemplo que demos, a referência está sucessivamente na medicina, no erotismo, no catolicismo fami-

AS IDEIAS FORA DO LUGAR

liar, na teologia, no ateísmo, na lógica, na numerologia. A fluência com que a prosa invoca estas esferas e passa de uma à outra causa admiração, e causa também riso. Como observou um crítico, o narrador é a prova viva de que é possível ser culto sem ser pedante, o que nas circunstâncias é uma façanha, considerando-se a diversidade e extensão dos conhecimentos que mobiliza.[10] De fato, a sua naturalidade representa uma performance, algo como uma vitória do homem culto sobre a esterilidade das especializações modernas. Esta desenvoltura é da mesma ordem, noutro plano, que a exigência de inteireza e elegância que procuramos sugerir a propósito da frase. Nos dois casos trata-se de alcançar uma espontaneidade segunda através da maestria em condições adversas. Entretanto, por causa mesmo de suas acrobacias, este *homem total* tem muito de clown. Mais que abarcar o conjunto de sua vida, ele lhe percorre a compartimentação, cuja dispersão e incongruência numerosa a fluência do movimento sublinha e não harmoniza. Se a prosa de ensaio é um compósito que torna narrável o mundo moderno e seu teor acrescido de abstração, ela é também um indício de desconjuntamento. Atrás da fluência ensaístico-narrativo-paulista está a permanente disposição de tudo relacionar e explicar, com os meios próprios da *cultura geral*, de que são parte as especialidades amadorísticas, os esquemas científicos, os boatos universitários, as convicções ocultistas, a formação humanística etc. Resulta um amálgama cuja modernidade está precisamente na nota falsa. Mais que explicar alguma coisa, a multiplicidade das explicações é parte ela própria da confusão. Não à maneira infinita de Kafka, em que está em jogo o princípio da questão, mas à maneira rotinizada de nossos dias, em que esta proliferação dos raciocínios é parte do panorama e não se eleva à consequência do conjunto. Desta perspectiva, que não é a única, a fluência confina com a simples loquacidade das classes informadas e bem-falantes. Muita vida intelectual, mas enquanto parte da alienação, e não enquanto solução para ela.

Voltando à verve de Paulo Emílio, é preciso lembrar que nas três novelas as personagens estão atoladas no constrangimento conjugal. O culto da fala que não para diante das barreiras do decoro e da autoestima deve a sua força à estreiteza deste campo. Ao furar tais barreiras a frase adquire luminosidade e restabelece a inteireza da vida — ainda que ao preço do grotesco, pois a unidade sendo do movimento e não da pessoa, é justamente a falta de unidade desta última que se põe em relevo, além da complementaridade profunda entre decoro e vulgaridade. A intenção de desalienar passa, aqui, pela aliança programática com todas as formas de alienação em que o ciclo familiar se completa: por exemplo o labirinto legal do desquite e da separação de bens, as questões técnicas da virgindade, a aritmética do adultério etc., em cuja tecnicidade e dificuldade se revelam finalmente aquela energia e inventividade superiores, propriamente renascentistas, que no campo matrimonial pareciam não querer brotar. A este respeito, observe-se entretanto que a norma de brevidade subordina a alienação à alegria intelectual de entendê-la e de passar adiante. O oposto da fascinação que leva metade da arte moderna a se comprazer na alienação que assinala, a ponto de no limite a duplicar.

Este ideal de um movimento de frase não cortado tem o seu valor polêmico na transgressão: o ímpeto não se detém onde pedem as conveniências. O que não quer dizer que as frases não terminem. Pelo contrário, o que chama a atenção é que elas acabam muito completamente, e este seu modo pronunciado de terminar as caracteriza e valoriza tanto quanto a transgressão. Trata-se de outro aspecto da mesma busca de inteireza. Para evitar mal-entendidos, note-se que não há no caso nenhuma veleidade de expressão lapidar ou definitiva, de estilo parnasiano. A perfeição visada não é da ordem da escrita. A referência do movimento está na analogia com a vida bem vivida, e com a ação bem realizada. A frase corre os seus riscos, tem os seus auges, e se extingue sem deixar restos, extinção que é uma de suas ambições maiores. Noutras palavras, a sua curva é governada pelo intuito de maximizar as intensidades, e portanto de esgotar a energia e o assunto disponíveis. O interesse pelo ciclo energético das ações e pelo seu ápice está no centro do livro, seja enquanto inspiração formal, seja enquanto assunto. Noutro lugar, resenhando uma biografia de Malraux, Paulo Emílio sublinha a "agudeza de ato" que em vários momentos o biografado soube alcançar. Esta expressão indica bem a preocupação que é a sua.

Para uma exemplificação pedestre, veja-se neste sentido um parágrafo como outros. As folhas de um caderno são as *últimas*, a partida para Jundiaí é *iminente*, o sentimento de apreensão é *súbito*, as menções à insônia *voltam a aparecer*, o sabonete de eucalipto *já não faz efeito*, o esforço para dormir é *desesperado*, as doses de soporífero são *cada vez mais fortes*, os anos são curtos *perto da eternidade*, talvez seja *tarde demais* etc.[11] Noutras palavras, é constante a referência a um limiar, que faz que a ação e com ela a frase não sejam simplesmente um dado, mas tenham um ponto de aparecimento, de desaparecimento ou crise. Este ponto crítico retesa o movimento, e lhe dá a unidade interior e dramática a que se prende o sentimento de processo iminente, de intensidade e conclusão, a que nos referíamos, e que se poderia chamar também de sentimento da dialética. Entre parênteses, porque é indicativo da preocupação que apontamos, seja dito que o aguçamento da ação através de expressões próprias para realçar o momento máximo, tais como *a primeira vez, na véspera, afinal, pouco faltou, prodigioso, singular, sobretudo* etc., chega a ser um tique. É claro por outro lado que os mais belos auges são aqueles que provêm direto do movimento da frase, sem ajuda de advérbios e adjetivos.

De diferentes maneiras, a busca do momento alto está presente na cadência da prosa, no movimento narrativo, na matéria de ficção, e é assunto de investigação propriamente intelectual. Ela é o ponto comum que confere unidade estética ao conjunto. Vimos o que esta busca significa do ponto de vista subjetivo, como exigência de maestria. Do ponto de vista da representação da realidade, ela se traduz pela concisão, que é também uma forma de domínio. Por outro lado, concisão no caso não é um fato só de estilo: refere-se a um aspecto da própria realidade. Esta também pode ser concisa, justamente em seus momentos cruciais, em que as prioridades e o sentido do processo vêm à frente para se transformar. São momentos em que a vida exterior sai de sua indiferença aparente e se torna comensurável ao espírito, pois se abre à compreensão e à intervenção. Esta conjunção entre as intensidades subjetiva e objetiva, sob o signo de sua afinidade e prolongamento mútuo, configura um estado de euforia e excepcional fluidez. Chegamos à outra dimensão do momento alto, em que além da brevidade e clareza se busca também a *revelação*. Neste sentido, a preferência estética pela intensificação em toda linha se poderia traduzir, talvez, pelo desejo de crise, e pela esperança de que alguma coisa enfim aconteça, sentimento este que é um dos ânimos genéricos das três novelas ("Recomeçou a falar mais depressa, aparentemente aflita para chegar a um ponto onde alguma coisa ia acontecer.").[12]

De fato, o momento alto é um princípio de economia narrativa, porque adensa e resume, mas é objeto de interesse — de um interesse sequioso — ainda a outro título, pelas surpresas que reserva. Trata-se das revelações que domínio e maestria têm a seu próprio respeito uma vez vencida a resistência que enfrentavam. O instante do triunfo traz algo como a positivação da liberdade, cujos movimentos são objeto, da parte do autor, de uma curiosidade de naturalista. A paisagem que se descortina dos momentos de auge, em que se demora a atenção de Paulo Emílio, é de outro planeta. De um planeta interior, tornado exterior: a liberdade tem necessidades e ritmos próprios, e é um pedaço de natureza como outro qualquer. Assim, o interesse supremo do livro está na sondagem e no esclarecimento do curso do interesse ele próprio, sobretudo em seus momentos supremos, sobre os quais as observações e reflexões originais são muitas e de grande força poética. Resulta um clima um pouco autista, de intimidade com o desejo — que se encontra consigo mesmo — cuja intensidade é extraordinária. A surpresa está sobretudo no caráter *impessoal* que passado certo ponto o interesse e o próprio autismo assumem, paradoxo que é uma das revelações da ficção de Paulo Emílio. Não faltam exemplos, vejamos alguns.

Vinte e cinco anos depois, encontram-se por acaso Helena e o rapaz de quem o marido a havia aproximado a fim de terem um filho. Sempre obediente ao esposo, que acumulara remorsos a ponto de não ter forças para uma confissão, a moça, agora uma senhora, se dispõe a contar tudo em seu lugar. O narrador, que é o antigo rapaz, e que acumulara também ele decênios de arrependimento, apresta-se a ouvir.

Todos meus sentimentos anteriores tinham sido substituídos por tal curiosidade em estado puro que apagou momentaneamente a própria identidade de Helena. Penso que o mesmo sucedeu com ela: logo depois de ter começado a falar, minha personalidade se dissipou apesar de seus olhos não se despegarem do meu rosto.[13]

Alcançado um certo ponto crítico da atenção, quem vê, escuta e entende já não é uma pessoa. Os interesses individuais ficam para trás, e com eles a identidade e o travejamento burguês da vida. Reina um desapego muito particular, que é talvez o objetivo verdadeiro do livro, e que leva o espírito pelos caminhos de uma ordem de coisas diferente. Assim quando o narrador descobre o diário azul de sua mulher, em que é tratado de corno. Por erro de cálculo, a esposa acabava de se matar. Prosseguindo na leitura, o narrador se dá conta de que o outro diário de Hermengarda, o roxo, que furtivamente ele também tinha lido e cujos sentimentos nobres o tinham abalado até as lágrimas, havia sido escrito e posto ao seu alcance com esta precisa intenção. Como reage a revelações tão extraordinárias? Não se afoba. Com sangue-frio lê quase duzentas páginas de letra miúda, não deixa passar uma palavra mal escrita, fica sabendo de uma prodigiosa quantidade de coisas, desenvolve um método científico para identificar as pessoas que o diário indica pelas iniciais ou por abreviaturas, afasta-se dos negócios, leva uma vida de monge, sempre relendo o mesmo caderno, *e pode dizer que era feliz*, isto até o momento em que se dá conta deveras da morte da mulher que era o seu tormento, quando então o universo vira pó. A sequência é convincente e de grande beleza, mas não é fácil dizer por quê, e em todo caso a lógica de seu encadeamento é incomum. A satisfação, o desejo de saber, o espírito científico, o sangue-frio, a felicidade, nada está onde se imagina, tudo está onde ninguém diz, além de não se combinarem conforme o esperado. Um encaminhamento semelhante encontra-se na terceira novela, em que a jovem esposa querendo o desquite conta ao marido avançado em anos quanto o havia enganado. O relato é crescentemente detalhado e insultuoso, e o marido o segue com atenção mais e mais iluminada. Não do ponto de vista de seus interesses práticos evidentes, de reputação, propriedade, separação etc. "Meu silêncio não era apenas político: estava prodigiosamente interessado pelo

AS IDEIAS FORA DO LUGAR

enredo e ansioso para que continuasse."[14] O movimento
conclui dez páginas adiante: "O resultado da explosão
foi literalmente um ataque de riso que me estendeu de
comprido na poltrona, sacudido por intermináveis gar-
galhadas que ameaçaram me sufocar, chorando de alegria até o limite da convulsão".[15] Este não é o senhor
educado, abastado, casado com a discreta funcionária
de sua firma, que julgávamos ter diante de nós. Aliás,
se fizermos alguns cálculos, teremos mais revelações a
seu respeito. Quando conhece a auxiliar de escritório de
dezesseis anos que aos trinta viria a ser a sua esposa, o
narrador tinha de ter por força mais de cinquenta, pois
lembra que ela podia ser a sua neta. Nos catorze que
passaram entre os dezesseis e os trinta da jovem, mais os
anos entre o casamento e a presente crise conjugal, que
termina com um soco na cara e a descoberta do amor
autêntico, o herói terá passado dos setenta. São cálculos fáceis, mas é preciso fazê-los para se dar conta dos
aspectos mais puxados da situação, encobertos pela distinção da prosa. Por outro lado, quem os faz toma distância da cena imediata e ascende ao campo das reservas
mentais, entre sabedores, onde domina a inteligência,
posição sempre buscada nestas novelas. É claro que a
revelação mais interessante no caso não são os anos do
dr. Polydoro, mas o prazer maldoso que proporcionam
os exercícios de aritmética a respeito da idade de uns e
outros. A superioridade de vistas e de certa forma a *es-
piritualização* que acompanham estes cálculos não são
sem gozo, nem são vizinhas da caridade. Por outro lado,
é verdade também que os enigmas numéricos propostos
pelo autor não dão certo, o que talvez não tenha sido
descuido seu, e de todo modo acrescenta uma dimensão
apalhaçada ao exercício da superioridade intelectual.

Nas três histórias a presença de birras e manias é grande. Sobretudo na segunda, a estridência delas é extrema.

O marido detesta gatos, tem horror à promiscuidade na piscina, não suporta o prenome que tem, é capaz de qualquer coisa para que não o pronunciem, e o seu hobby é a arte militar. A mania de Hermengarda é abreviar o nome dos outros e ouvir inteiro o seu próprio, pronunciado por terceiros ou por ela mesma, sempre com H aspirado. A sua aversão a banhos é constrangedora, a irregularidade em seus papéis de desquitada casada a irrita muito etc. De mesma ordem que a curiosidade, a impaciência, o sangue--frio, a amplitude de vistas ou a concentração, a mania representa uma elevação da intensidade mental, ainda que desviada, e é a este título que se integra no espírito geral do livro. O aspecto crítico de sua preeminência é evidente: a intensidade pessoal já não encontra campo nos domínios da normalidade burguesa e busca refúgio em manias. Estas são um resto caricato mas autêntico da necessidade interior, e há mais valor nelas que nas finalidades da vida corrente, cujo esvaziamento histórico é total. Todavia é preciso especificar a crítica de que se trata aqui. Para ter uma ideia do ponto no espectro ideológico em que esta prosa se situa, digamos que ela não tenta provar o que para ela é óbvio, a nulidade da vida burguesa. Dada esta por assente, o que procura é menos, é encontrar algo vivo. Mas não se trata também do elogio sem reservas da Vida, pois o anacronismo das situações não é jamais omitido. A existência de intensidade não abre perspectivas nem justifica coisa alguma, e todavia consola. Por outro lado, bastando-se com tão pouco, o critério de Paulo Emílio é subversivo. Se o valor está na intensidade e no movimento, pode não estar onde a hierarquia social ou moral o põem, e sobretudo estará onde nunca estas o admitiriam. A consequência mais palpável é uma extraordinária imparcialidade. A prosa toma o partido do movimento, e não da estabilidade e da pessoa, o que traduz o desejo de sair do lugar a qualquer preço e leva não se sabe aonde.

AS IDEIAS FORA DO LUGAR

O melhor documento desta imparcialidade está na simpatia das três novelas por desígnios, simpatia ostensivamente sem prevenções. Assim, acompanhamos com interesse o professor que no dia certo do mês atrai um jovem amigo para junto da esposa, a fim de conseguir um filho por esta via; ou o marido que se orienta pelos escritos militares de Napoleão, Rommel e Patton na guerra que move à mulher e à família para que saiam de casa; ou Hermengarda que não mede esforços na composição de um diário calculado para comover o esposo e voltar a dominá-lo, e que para fortalecer o lance finge até um suicídio, que por uma falta de sorte é coroado de êxito; ou a secretária que apela para a ciência médica para refazer a virgindade e casar com o seu chefe idoso, cuja fraca performance a obriga a voltar ao mesmo médico para desfazer o que havia refeito etc. São situações caducas (a primeira história não é cômica por natureza, mas é tratada neste espírito, pois os cálculos do professor têm o seu fundamento em especulações numerológicas). No entanto, sem abater nada de seu ridículo, o autor valoriza nelas a firmeza de propósito e a disposição de usar os meios apropriados, além de seu interesse pragmático elementar: questões de guerra conjugal, de paternidade trocada, de muita diferença de idade entre os cônjuges etc., têm uma oportunidade extraliterária que dispensa comentários. Neste espírito, a narrativa não recua diante de questões práticas, que usualmente não são matéria de literatura, pois parecem pouco poéticas. E tem razão de não recuar, pois como sabem os materialistas as condições de realização de um projeto não lhe são interiores, e a resposta a questões íntimas pode ser técnica. Assim, para terem um filho o professor e sua esposa vão ao cinema a fim de estudar o comportamento das vedetes americanas pelas quais o seu jovem amigo tinha um fraco. Outro exemplo, na terceira novela há uma súbita digressão sobre o endurecimento dos pergaminhos do século XVIII, que permite à heroína, apoiada em seus conhecimentos de encadernadora, dar uma explicação mentirosa mas sem desaire ao pouco sucesso de seu patrão na noite de núpcias. Ao passo que na segunda história vimos que o marido estuda os clássicos da guerra com vistas à esposa, que por sua vez melhora de redação e caligrafia a fim de enganá-lo. Em suma, ainda dentro da falta de sentido generalizada a poesia da ação e da razão se faz sentir aos olhos de um homem imparcial, que retira daí uma posição inexpugnável para a sua alegria. O partido do movimento e da intensidade, sem consideração de suas finalidades, é um momento da crise da ideologia contemporânea, e veremos que ele é figurado criticamente no desfecho das três novelas.

Passando ao plano da composição, considere-se que uma coisa é o ponto alto da frase, outra é o ponto alto da vida. Este faz parte de um conjunto naturalmente hierarquizado. Ora, a prosa de unidades intensas e autossuficientes é um princípio anti-hierárquico. Daí o seu brilho, e sua pouca afinidade com a dimensão propriamente arquitetônica da narrativa: não se podem destacar todos os momentos e ao mesmo tempo destacar uns poucos. E de fato, a composição das novelas apresenta dificuldades, pois os seus passos decisivos não se erguem acima dos outros, cuja intensidade também é grande. Veremos adiante que este nivelamento se justifica pela natureza das questões em jogo, que têm a forma da opção existencial, hierarquizadora por excelência, mas são caducas pelo fundo. O curioso é que se trata de um nivelamento *para cima*, em que a multiplicação moderna das explicações desacredita a singularidade e a dramaticidade do ponto alto, que não perde em dinamismo, mas ganha em ridículo, e naturalmente se achata. Manias e maluquices não têm menos lógica do que as opções centrais,

AS IDEIAS FORA DO LUGAR

a cujo tom nobre aspiram. Estas por sua vez assimilam o timbre daquelas. Explicações e iniciativas triunfam sobre obediência e cegueira, como quer a *Aufklärung*, e estabelecem a confusão e a tolice. A intensidade e a compreensão estão em toda parte, o sentido em nenhuma, e não se justificam as grandes linhas de uma construção. Entretanto, todas as três novelas são fortemente construídas, sempre em busca de momentos máximos, que é onde talvez elas sejam mais vulneráveis.

A despeito da muita ironia, o recurso ao suspense como elemento de estrutura é uma solução de facilidade, e é por este lado que o livro confina com o simples divertimento. Com efeito, o plano das três novelas baseia-se na revisão de um acontecimento à luz de uma revelação ulterior que modifica tudo (reprise aliás que está no título das peças: "Duas vezes com Helena", "Ermengarda com *H*", "Duas vezes Ela"). Na primeira novela o adultério dos 25 anos é revisto aos cinquenta, mas acrescentado de um elemento novo: atrás do encontro com Helena havia estado a intenção do marido. Na segunda, a vida é reconsiderada à luz das revelações comoventes do diário roxo, as quais por sua vez serão revistas à luz das revelações acabrunhantes do diário azul. Na terceira, finalmente, a fase feliz do matrimônio, registrada no primeiro caderno, é retomada à luz de sua fase turbulenta, registrada no segundo. A eficácia do recurso é tão segura quanto é certo o interesse de uma tal viravolta. Mas é também um pouco fácil, pois, no que diz respeito à complexidade, está aquém da tensão produzida na prosa, a qual fica sem ressonância última.

Por outro lado, os pontos de contato entre suspense, prosa e assunto são também muitos e sugestivos, o que recupera o primeiro em vários aspectos. De fato, o suspense é um elemento de intensidade e revelação, da ordem justamente das questões que o livro aprofunda. Sendo uma dimensão mental dos acontecimentos, ele se integra bem com a série de enigmas, lapsos, trocadilhos, jogos tipográficos e cálculos numéricos através dos quais a narrativa distancia o movimento do mundo e o subordina à linguagem e ao ritmo do desejo, que por sua vez são parte objetiva do ritmo geral. Aliás, as afinidades que Paulo Emílio sugere por este ângulo são inesperadas e de uma extraordinária felicidade.

O espaço autista da literatura confessional é parte importante das três novelas a este título, por conta de seus ritmos de onipotência e impunidade (os cadernos de Ermengarda, os carnets de Ela etc.). Idem para a reconsideração da vida em condições de visibilidade excepcional (seja porque o diário da falecida não mente, seja porque a mulher do professor é veraz, ainda que por obediência ao marido, seja porque a ex-secretária e atual esposa está exasperada e interessada em romper), condições que trazem à tona o elemento de excitação e liberação próprio ao conhecimento. E a própria busca do momento alto da frase e da ação, tão literária em aparência, tem a ver com um sonho de império, algo como planar na crista da onda, com o correspondente momento de autorrevelação.[16]

Conjugada à forma dominante nas três novelas, que a ideia de *reprise em nova luz* talvez resuma, corre uma linha melódica. Esquematizando, seria a seguinte. De início, a versão dos fatos do narrador. Em seguida, a revelação de que ele fora enganado por completo, revelação que vem pelo prisma da mulher. Esta nova é acolhida com inesperado entusiasmo, pois livra a personagem masculina do constrangimento e da culpabilidade que acompanhavam a sua versão dos fatos. As maquinações em que o narrador foi enrolado despertam nele um interesse extraordinário e lhe devolvem a liberdade de agir que se perdera na rotina da opressão a que o cavalheiro submete ou julga submeter a sua dama. Esta liberdade é um estado de grande intensificação. A personagem retoma contato com o seu movimento profundo, e chega a uma decisão — *a qual nos três casos é uma bobagem*. Noutras palavras, a despeito das peripécias, revelações e da intensidade da conclusão, a melodia não vai mais longe, em fim de contas, que todo mundo. Trata-se de uma paródia da opção existencial, e a combinação de autenticidade pessoal e tolice é um achado. Algo como um existencialismo paulista-tradicional — isto é, estritamente *familiar* — em que a descoberta do sentido da vida não tem sentido, dado o esvaziamento histórico das opções que se oferecem. Aliás, o tema da energia e do momento alto, em contraste com o apagado e gradual, corre paralelo às preocupações teóricas com a vida autêntica. Com a diferença capital de que não postula o indivíduo como unidade.

O movimento da intriga, que é rigoroso, pauta-se pela passagem do inautêntico ao autêntico. Em certa medida, esta representa um conflito social, pois as suas balizas coincidem mais ou menos com a contradição entre o indivíduo e os constrangimentos que lhe pesam, no caso a ordem familiar. Entretanto, de modo nenhum as novelas se resumem à cena privada a que pertence a dinâmica de sua intriga. Pelo contrário, elas estão salpicadas de indicações, que são datas históricas e sociais. Aliás, vimos que também a realidade figurada na prosa não se subordina ao âmbito da intriga e que pelo contrário o contesta. Sem que o ano esteja mencionado, a atualidade do livro está em torno de 1970: 25 anos depois do término da Segunda Grande Guerra, quando os cinquentões têm Hitler e Mussolini como referências juvenis, quando os costumes sexuais estão mudados, quando opositores do regime assaltam bancos e quartéis e aparecem nos cartazes dos procurados pela polícia, quando a ciência nupcial, a linguística e a crítica literária passaram por grandes transformações, quando — isto nas três histórias — a polícia enlouquece e mata adversários da ordem, quando a rua da Consolação já havia sido alargada, quando as ações da Petrobras sobem, embora corresse que fossem coisa de comunistas. Estas alusões tão desiguais aparecem sem método, ao acaso de sua presença na cabeça do narrador. Entretanto é claro que são indiscrições calculadas, a fim de situá-lo a ele e à sua classe social (diga-se de passagem que a presença das façanhas policiais pós-1964 sob a pluma do narrador é um modo de afirmar que as classes abastadas sabiam delas). O essencial dos tempos vem como apoio secundário da ficção, como um dado de contexto. O efeito literário naturalmente é o inverso. São as vidas tão vivas das personagens que se transformam em dados da paisagem histórica. A despeito de toda a busca de energia, velocidade e ação, são as suas subjetividades que se transformam em documentos de uma classe que, embora estando no poder e ocupando incontrastada toda a cena, já parece uma espécie zoológica em extinção. É a melhor prosa brasileira desde Guimarães Rosa quem o diz, e não como tese, mas por força da coerência de seu trabalho artístico.

A nota específica

"O que se deve exigir do escritor antes de tudo é certo sentimento íntimo, que o torne homem do seu tempo e do seu país, ainda quando trate de assuntos remotos no tempo e no espaço." Com essa reflexão, talvez a mais celebrada da crítica brasileira, Machado de Assis se opunha à mentalidade provinciana "que só reconhece espírito nacional nas obras que tratam de assunto local". Para completar, o romancista aconselhava um brasileirismo "interior, diverso e melhor do que se fora apenas superficial".[1] Não é preciso dizer que pensava no seu próprio programa de trabalho, que pouco depois resultaria nas primeiras obras-primas da literatura brasileira em formação.

A polêmica movia-se no quadro das inseguranças culturais do país novo em folha, recém-saído da segregação colonial, desejoso de firmar identidade e de festejar-se a si mesmo. Os românticos haviam operado a fusão de colorido local e patriotismo, com sucesso avassalador. Consciente do lado convencional e congratulatório desta combinação, em que o pitoresco tem algo de carta marcada, a que responde o aplauso fácil dos compatriotas, Machado aspirava a uma solução superior. Começara a busca de uma feição nacional que não significasse confinamento temático e superficialidade artística.

Dito isso, em que consistiria a tal interiorização do

país e do tempo, capaz de impregnar assuntos longínquos, para não dizer estrangeiros ou universais?

Se examinarmos o romance machadiano, encontraremos na sua composição uma resposta de genial simplicidade. O quesito dos assuntos que vão além da província é atendido em escala enciclopédica pela verve e por certa "cultura geral" do narrador, figura cosmopolita e ultracivilizada, um compêndio de elegâncias de classe, que não se priva de discretear sobre o mundo e sobre si mesmo, de A a Z. Vai do Rio de Janeiro antigo aos tempos homéricos, passando por Santo Agostinho, os Rothschild, a guerra da Crimeia etc. Quanto à radicação na realidade nacional, outro ponto de honra do espírito moderno, estamos diante da prosa de um proprietário abastado à brasileira, quer dizer, enfronhado em relações de escravidão e clientela, das quais de fato decorre um sentimento peculiar da atualidade, passavelmente retrógrado, cuja fixação sarcástica, na escala do universo (de A a Z), é um feito artístico de Machado de Assis. Convenhamos que mais situado não seria possível. A exemplo do país, este narrador-protagonista, que é um tipo social, reúne o gosto pela civilização ao substrato bárbaro. É ele a invenção literária audaciosa, o eixo da composição, a esfinge trivial a ser decifrada — embora a leitura convencional, seduzida pelo clima refinado, de classe alta, o considere um modelo a imitar.

De passagem, notem-se os paralelos com argumentos muito posteriores de Jorge Luis Borges, por exemplo em "O escritor argentino e a tradição":

> os nacionalistas simulam venerar as capacidades da mente argentina, mas querem limitar-lhe o exercício poético a alguns pobres temas locais, como se os argentinos só pudéssemos falar de subúrbios e de fazendas, e não do universo. [...] Creio que os argentinos e em geral os sul-americanos estamos numa situação análoga [à de judeus

AS IDEIAS FORA DO LUGAR

e irlandeses]; podemos manejar todos os temas europeus, manejá-los sem superstições, com uma irreverência que pode ter, e já tem, consequências afortunadas.[2]

A riqueza da equação machadiana é grande. De um lado, assistimos à comédia local das presunções de civilidade e progresso, qualificadas e desqualificadas pelo pé na escravidão e nas relações conexas: o Brasil de fato não é a Inglaterra. De outro, invertendo a direção da crítica, temos a revelação do caráter apenas formal daqueles indicadores da modernidade, inesperadamente compatíveis com as chagas da ex-colônia, a cuja camada europeizante fornecem o álibi das aparências. No primeiro passo, o efeito satírico está na distância que separa as realidades brasileiras da norma burguesa europeia; no segundo, decorre da elasticidade com que a civilização burguesa se acomoda à barbárie, a qual parecia condenar e que lhe é menos estranha do que parece. A independência de espírito pressuposta sobretudo nesta última observação, feita em luta contra a atitude reverente do intelectual colonizado, colocava Machado entre os críticos abrangentes da atualidade.

Noutras palavras, a especificidade nacional existia, mas tomava feição *negativa*, desde que fosse elaborada com verdade e de modo artisticamente satisfatório. Depois de ser um ideal, o "homem do seu tempo e do seu país" fazia figura de *problema*, quando não de vexame.

As razões históricas do quadro são conhecidas de todos. Talvez se possa falar num *pitoresco estrutural*, definido pela discrepância com o Oitocentos europeu, em especial o trabalho livre e a igualdade perante a lei. Conquistada de forma conservadora, a independência política brasileira (1822) havia preservado o complexo social e econômico gerado pela exploração colonial. Entre outras coisas não suprimiu o tráfico negreiro e o trabalho escravo, o qual durou até 1888. Assim, por um longo período a prosperidade material e os avanços culturais do país deveram-se ao florescimento de formas sociais que haviam se tornado a execração do mundo civilizado. As ambivalências que essa constelação *inglória* causava valem um estudo sistemático. A fixação exclusiva no atraso ou no *defeito* social da nação entretanto limita o foco, em espírito moralista: faz supor que o século XIX tenha sido a história da Liberdade e de seus tropeços no país, e não, como é mais plausível, a do Capital, que não tinha objeções absolutas à escravidão, a qual havia abolido nalgumas partes, e suscitado noutras. Desse ângulo, a cena brasileira lançava uma luz reveladora sobre as noções metropolitanas e canônicas de civilização, progresso, cultura, liberalismo etc., que aqui conviviam em harmonia meio absurda com o trabalho forçado e uma espécie de "apartheid", contrariando o essencial do que prometiam.

Suponhamos então que a especificidade nacional residiu e reside no sistema desses funcionamentos anômalos, ligados à refuncionalização moderna — pós-colonial — da herança colonial. Os seus desdobramentos não burgueses são vergonhas? poesia? resquícios? tradição? promessas? Há fregueses para cada uma dessas hipóteses. Como as anomalias têm apoio na divisão internacional do trabalho, bem como em privilégios sociais internos, que as reproduzem, o desejo de superação ficou sem efeito decisivo até segunda ordem. No plano literário talvez se possa dizer que as obras que consciente ou inconscientemente deram forma ao problema e se situaram com profundidade a respeito, suspendendo a redoma nacional e sentindo que ali estava em jogo o mundo contemporâneo, tenham sido as decisivas da cultura brasileira. Entendida com amplitude suficiente, a sondagem da experiência específica que coube aos brasileiros é também a fonte do valor de seus trabalhos. Nem poderia ser de outro modo.

Sob o signo da industrialização e de um certo fechamento da economia, já perto de nosso tempo, o desenvolvimentismo prometeu incorporar ao mundo do salário e da cidadania a população relegada, com cujo pouco preço e muita esperança contava para conquistar um lugar para o Brasil entre as nações adiantadas. Se fosse possível, teria sido uma solução. Hoje vivemos a decomposição daquele projeto, substituído por outro, em que a hipótese da integração social figura com menos força. As "peculiaridades" do novo ciclo não deixarão de aparecer, se já não estiverem aparecendo, inclusive na literatura.

Notas

CULTURA E POLÍTICA, 1964-1969 [PP. 7-46]

1   *Animália*, de Gianfrancesco Guarnieri.

2   À esquerda, foi a corrente de Brizola, não marxista e de pouca teoria, composta de nacionalistas radicais, que tentou se preparar para o golpe militar iminente. Em consequência, os brizolistas buscaram cristalizar a luta de classes no interior das Forças Armadas (houve rebelião de sargentos e marinheiros) e organizaram civis nos famosos Grupos de Onze. Controlavam também uma grande estação de rádio. Brizola — deputado federal, antigo governador do Rio Grande do Sul, líder da mobilização popular que em 1961 garantiu, contra os militares, a sucessão legal a Goulart (seu cunhado), um político tradicional portanto — teve a clareza e iniciativa que faltaram ao grosso do campo marxista, o qual pelo contrário errava fragorosamente e entrava em crise. Esta superioridade prática do nacionalismo radical sobre o marxismo estabelecido não está estudada. Infelizmente não tenho elementos para descrevê-la melhor.

3   Para um apanhado histórico das origens da crise de 1964, ver: R. M. Marini, "Contradições no Brasil contemporâneo". *Teoria e Prática*, São Paulo, n. 3, 1968. Para as limitações da burguesia nacional e para a estrutura do poder populista ver respectivamente os trabalhos de F. H. Cardoso e F. C. Weffort, *Les Temps Modernes*, Paris, out. 1967.

NOTAS   135

4   Nos casos em que o elemento "antiquado" é recentís-
      simo e internacional — os hábitos neofósseis da socie-
      dade dita de consumo —, o tropicalismo coincide sim-
      plesmente com formas do pop.

5   Para uma exposição ampla destas noções, ver Gunder
      Frank: *Capitalism and Underdevelopement in Latin
      America: Historical Studies of Chile and Brazil* (Nova
      York: Monthly Review, 1967).

6   Ideia e vocabulário são emprestados aqui ao estudo de
      Walter Benjamin sobre o drama barroco alemão, em
      que se teoriza a respeito da alegoria.

7   Alguns representantes desta linha são, para a música,
      Gilberto Gil e Caetano Veloso; para o teatro, José Cel-
      so Martinez Corrêa, com *O rei da vela* e *Roda-viva*; no
      cinema há elementos de tropicalismo em *Macunaíma*,
      de Joaquim Pedro, *Os herdeiros*, de Carlos Diegues,
      Brasil ano 2000, de Walter Lima Jr., *Terra em transe*
      e *O dragão da maldade contra o santo guerreiro*, de
      Glauber Rocha.

8   Sérgio Ferro Pereira, "Arquitetura nova". *Teoria e Prá-
      tica*, São Paulo, n. 1, 1967.

9   Augusto Boal, Prefácio a *Arena conta Tiradentes*. A
      peça é de Gianfrancesco Guarnieri e Augusto Boal.
      Para uma discussão detalhada desta teoria, ver: Anatol
      Rosenfeld, "Heróis e coringas". *Teoria e Prática*, São
      Paulo, n. 2.

10   Este argumento é desenvolvido por Adorno, em seu
      ensaio sobre os critérios da música nova, quando con-
      fronta Schönberg e Webern, em *Klangfiguren* [Figuras
      sonoras]. Frankfurt: Suhrkamp, 1959.

11   Numa entrevista traduzida em *Partisans*, n. 46 (Paris:
      Maspero), José Celso explica: "Enfim, é uma relação
      de luta, uma luta entre os atores e o público. [...] A
      peça o agride intelectualmente, formalmente, sexual-
      mente, politicamente. Quer dizer que ela qualifica o
      espectador de cretino, reprimido e reacionário. E nós
      mesmos também entramos neste banho" (p. 75). "Se
      tomamos este público em seu conjunto, a única pos-
      sibilidade de submetê-lo a uma ação política eficaz re-

side na destruição de seus mecanismos de defesa, de todas as suas justificações maniqueístas e historicistas (incluso quando elas se apoiam em Gramsci, Lukács e outros). Trata-se de pô-lo em seu lugar, de reduzi-lo a zero. O público representa uma ala mais ou menos privilegiada deste país, a ala que se beneficia, ainda que mediocremente, de toda a falta de história e de toda a estagnação deste gigante adormecido que é o Brasil. O teatro tem necessidade hoje de desmistificar, de colocar este público em seu estado original, frente a frente com a sua grande miséria, a miséria do pequeno privilégio obtido em troca de tantas concessões, tantos oportunismos, tantas castrações, tantos recalques, em troca de toda a miséria de um povo. O que importa é deixar este público em estado de nudez total, sem defesa, e incitá-lo à iniciativa, à criação de um caminho novo, inédito, fora de todos os oportunismos estabelecidos (que sejam ou não batizados de marxistas). A eficácia política que se pode esperar do teatro no que diz respeito a este setor (pequena burguesia) só pode estar na capacidade de ajudar as pessoas a compreender a necessidade da iniciativa individual, a iniciativa que levará cada qual a jogar a sua própria pedra contra o absurdo brasileiro" (p. 70). "Em relação a este público, que não vai se manifestar enquanto classe, a eficácia política de uma peça mede-se menos pela justeza de um critério sociológico dado que pelo seu nível de agressividade. Entre nós, nada se faz com liberdade, e a culpa no caso não é só da censura" (p. 72).

12 *Pessach, a travessia*, romance de Carlos Heitor Cony (1967); *Quarup*, romance de Antonio Callado (1967); *Terra em transe*, filme de Glauber Rocha (1967); *O desafio*, filme de Paulo Cesar Saraceni (1965). É interessante notar que o enredo da conversão resulta mais político e artisticamente limpo se o seu centro não é o intelectual, mas o soldado e o camponês, como em *Os fuzis*, de Ruy Guerra (1964), *Deus e o diabo na terra do sol* (1964), de Glauber Rocha, ou *Vidas secas* (1963), de Nelson Pereira dos Santos. Nestes casos, a

NOTAS   137

desproporção fantasmal das crises morais fica objetiva-
da ou desaparece, impedindo a trama de emaranhar-se
no inessencial.

13 O *Pasquim* não foi fechado. Fica o erro sem corrigir,
em homenagem aos numerosos falsos alarmes que
atormentavam o cotidiano da época.

14 Título de um livro de poemas de Carlos Drummond de
Andrade.

AS IDEIAS FORA DO LUGAR [PP. 47-64]

1 A. R. de Torres Bandeira, "A liberdade do trabalho e a
concorrência, seu efeito, são prejudiciais à classe operária?" (*O Futuro*, Rio de Janeiro, n. IX, 15 jan. 1863). Machado era colaborador constante nessa revista.

2 *A polêmica Alencar-Nabuco*. Org. e intr. de Afrânio Cou-
tinho. Rio de Janeiro: Tempo Brasileiro, 1965, p. 106.

3 Depoimento de uma firma comercial, M. Wright &
Cia., com respeito à crise financeira dos anos 1950. Ci-
tado por Joaquim Nabuco, *Um estadista do Império*.
São Paulo: Companhia Editora Nacional, 1936, v. 1, p.
188 [5. ed. Rio de Janeiro: Topbooks, 2000], e retomado
por Sérgio Buarque de Holanda, *Raízes do Brasil*. Rio
de Janeiro: José Olympio, 1956, p. 96 [26. ed. São Paulo: Companhia das Letras, 2007].

4 Emília Viotti da Costa, "Introdução ao estudo da
emancipação política". In: Carlos Guilherme Mota
(Org.). *Brasil em perspectiva*. São Paulo: Difusão Europeia do Livro, 1968 [21. ed. Rio de Janeiro: Bertrand
Brasil, 2001].

5 Sérgio Buarque de Holanda, op. cit., p. 15.

6 Emília Viotti da Costa, op. cit.

7 Fernando Henrique Cardoso, *Capitalismo e escravidão*. São Paulo: Difusão Europeia do Livro, 1962, pp.
189-91 e 198 [5. ed. rev. Rio de Janeiro: Civilização
Brasileira, 2003].

8 Conforme observa Luiz Felipe de Alencastro em sua tese
de doutorado, *O trato dos viventes: Tráfico de escra-

vos e "Pax Lusitana" no Atlântico Sul, séculos XVI-XIX (Nanterre, Universidade de Paris, 1985-6), a verdadeira questão nacional de nosso século XIX foi a defesa do tráfico negreiro contra a pressão inglesa. Uma questão que não podia ser menos propícia ao entusiasmo intelectual. [Cf. Luiz Felipe de Alencastro, *O trato dos viventes: Formação do Brasil no Atlântico Sul, séculos XVI e XVII*. São Paulo: Companhia das Letras, 2000.]

9   Para uma exposição mais completa do assunto: Maria Sylvia de Carvalho Franco, *Homens livres na ordem escravocrata*. São Paulo: Instituto de Estudos Brasileiros, 1969 [4. ed. São Paulo: Editora Unesp, 1997].

10   Sobre os efeitos ideológicos do latifúndio, ver: Sérgio Buarque de Holanda, "A herança rural", capítulo III de *Raízes do Brasil*, op. cit.

11   Como observa Machado de Assis, em 1879, "o influxo externo é que determina a direção do movimento; não há por ora no nosso ambiente a força necessária à invenção de doutrinas novas". Cf. "A nova geração". In: *Obra completa*. Rio de Janeiro: Aguilar, 1959, v. III, pp. 826-7.

12   G. Lukács, "Marx und das Problem des Ideologischen Verfalls". In: *Werke*. Neuwied: Luchterhand. v. 4: *Probleme des Realismus*.

13   Explorada em outra linha, a mesma observação encontra-se em Sérgio Buarque: "Podemos construir obras excelentes, enriquecer nossa humanidade de aspectos novos e imprevistos, elevar à perfeição o tipo de civilização que representamos: o certo é que todo o fruto de nosso trabalho e de nossa preguiça parece participar de um sistema de evolução próprio de outro clima e de outra paisagem" (op. cit., p. 15).

14   Ver o "Prospecto" de *O Espelho*, Revista Semanal de Literatura, Modas, Indústrias e Artes. Rio de Janeiro, Typographia de F. de Paula Brito, n. 1, p. 1, 1859; "Introdução" da *Revista Fluminense*, Semanário Noticioso, Literário, Científico, Recreativo etc. etc. Rio de Janeiro, ano 1, n. 1, pp. 1-2, nov. 1868; *A Marmota na Corte*. Rio de Janeiro, Typographia de F. de Paula Brito, n. 1, p. 1, 7

NOTAS 139

set. 1840; *Revista Ilustrada*, publicada por Ângelo Agostini; Rio de Janeiro, n. 1, 1 jan. 1876; "Apresentação" de *O Bezouro*, Folha Humorística e Satírica. Rio de Janeiro, 1º ano, n. 1, 6 abr. 1878; "Cavaco", *O Cabrião*. São Paulo, Typ. Imperial, n. 1, p. 2, 1866.

15 Nestor Goulart Reis Filho, *Arquitetura residencial brasileira no século XIX*, manuscrito, pp. 14-5.

16 Id., p. 8.

17 E. Viotti da Costa, op. cit., p. 104.

18 Jean-Michel Massa, *A juventude de Machado de Assis, 1839-1870: Ensaio de biografia intelectual*. Rio de Janeiro: Civilização Brasileira, 1971, pp. 265, 435, 568 [2. ed. rev. São Paulo: Editora Unesp, 2009].

19 Sílvio Romero, *Ensaios de crítica parlamentar*. Rio de Janeiro: Moreira, Maximino & Cia., 1883, p. 15.

20 Para as razões desta inércia, ver: Celso Furtado, *Formação econômica do Brasil* (1959). São Paulo: Companhia Editora Nacional, 1971 [Ed. comemorativa 50 anos. São Paulo: Companhia das Letras, 2009].

21 Para uma construção rigorosa de nosso problema ideológico, em linha um pouco diversa desta, ver: Paula Beiguelman, *Formação política do Brasil* (São Paulo: Pioneira, 1967. v. i: *Teoria e ação no pensamento abolicionista*), em que há várias citações que parecem sair de um romance russo. Veja-se a seguinte, de Pereira Barreto: "De um lado estão os abolicionistas, estribados sobre o sentimentalismo retórico e armados da metafísica revolucionária, correndo após tipos abstratos para realizá-los em fórmulas sociais; de outro estão os lavradores, mudos e humilhados, na atitude de quem se reconhece culpado ou medita uma vingança impossível". P. Barreto é defensor de uma agricultura científica — é um progressista do café — e neste sentido acha que a abolição deve ser efeito automático do progresso agrícola. Além de que os negros são uma raça inferior, e é uma desgraça depender deles. Op. cit., p. 159.

22 Antonio Candido lança algumas ideias neste sentido. Procura distinguir uma linhagem "malandra" em nossa literatura. Veja-se a sua "Dialética da malandragem", na

Revista do Instituto de Estudos Brasileiros. São Paulo, n. 8, 1970 [Republicada em *O discurso e a cidade*. 4. ed. Rio de Janeiro: Ouro sobre Azul, 2010]. Também os parágrafos sobre a Antropofagia, na "Digressão sentimental sobre Oswald de Andrade". In: *Vários escritos*. São Paulo: Duas Cidades, 1970, pp. 84 ss. [4. ed. Rio de Janeiro: Duas Cidades/Ouro sobre Azul, 2004].

O SENTIDO HISTÓRICO DA CRUELDADE EM MACHADO DE ASSIS [PP. 65-80]

1   A posição peculiar dos pobres no Brasil rural foi glosada com frequência ao longo do século XIX. "A classe agrícola, que não pode despender os capitais necessários para haver um terreno próprio, vive agregada aos grandes possuidores do solo, e por um contrato a título precário, isto é, pode ser despejada quando bem convier ao dono da terra." Como contrapartida, a adesão política pelo voto: "Os grandes possuidores do solo consentem ainda os agregados porque o nosso sistema eleitoral assim o reclama". L. Peixoto de Lacerda Werneck, *Ideias sobre colonização* (Rio de Janeiro: Eduardo e Henrique Laemmert, 1855, pp. 36 ss.). Ou, na síntese de Nabuco: "Uma classe importante, cujo desenvolvimento se acha impedido pela escravidão, é a dos lavradores que não são proprietários, e, em geral, dos moradores do campo ou do sertão. Já vimos a que se acha, infelizmente, reduzida essa classe, que forma a quase totalidade da nossa população. Sem independência de ordem alguma, vivendo ao azar do capricho alheio, as palavras da Oração dominical — *O pão nosso de cada dia, nos dai hoje* — têm para ela uma significação concreta e real. Não se trata de operários, que, expulsos de uma fábrica, achem lugar em outra; nem de famílias que possam emigrar; nem de jornaleiros que vão ao mercado de trabalho oferecer os seus serviços; trata-se de uma população sem meios, nem recurso algum, ensinada a considerar o trabalho como ocupação servil, sem ter onde vender

os seus produtos, longe da região do salário — se existe esse El Dorado, em nosso país — e que por isso tem que resignar-se a viver e criar os filhos, nas condições de dependência e miséria em que se lhe consente vegetar". Abaixo da classe dos lavradores meeiros há ainda outras "que nada têm de seu, moradores que nada têm para vender ao proprietário, e que levam uma existência nômada e segregada de todas as obrigações sociais, como fora de toda a proteção do Estado". Joaquim Nabuco, *O abolicionismo* (Rio de Janeiro: Vozes, 1977, pp. 159-60). Uma sistematização sociológica encontra-se no bom livro de Maria Sylvia de Carvalho Franco, *Homens livres na ordem escravocrata* (São Paulo: Instituto de Estudos Brasileiros, 1969; 4. ed. São Paulo: Editora Unesp, 1997). O alcance do tema para a compreensão de aspectos decisivos da ficção brasileira foi estabelecido por Antonio Candido, "Dialética da malandragem" (*Revista do Instituto de Estudos Brasileiros*. São Paulo, n. 8, 1970) [Republicada em *O discurso e a cidade*. 4. ed. Rio de Janeiro: Ouro sobre Azul, 2010].

2   Machado de Assis, *Memórias póstumas de Brás Cubas*. Rio de Janeiro: Instituto Nacional do Livro, 1960, p. 170.

3   Id., p. 162.

4   Id., p. 165.

5   Id., p. 170.

6   Ibid.

7   Id., p. 168.

8   Em *Sonhos d'ouro*, que Machado com certeza leu atentamente, Alencar já procurara ligar remorso de classe e sadismo. A mocinha rica do romance não suporta o espetáculo da pobreza, que lhe exacerba a crueldade. Assim, enquanto a sua cadelinha mata um a um a ninhada de pintos de uma família desvalida, a menina estala os dedos de gosto. Em seguida ela se diverte fazendo que o seu elegante cavalo inglês pise e destrua a louça humilde da mesma família. Consumado o insulto, a heroína repara principescamente os malfeitos, que aliás tinham motivo nobre, pois tratava-se de colocar

em brios uma gente derrotada pelo desânimo (José de Alencar, *Sonhos d'ouro*. In: *Obra completa*. Rio de Janeiro: Aguilar, 1959, v. i, pp. 744-8). Também o ângulo do pobre com méritos aparece: Ricardo — que em relação à mocinha se considera "uma borboleta preta" (!) — foi ótimo estudante. "Mas que lhe serve se ninguém o conhece? Servia-lhe mais ficar com a metade do talento que tem, e outra metade de proteção." Mais adiante: "Então um pobre não pode sem bajulação ter relação com pessoas ricas? Que doutrina!". Em relação aos inconvenientes do amor entre desiguais, a "filha do milionário" explica ao "pobretão obscuro": "Imagine o agradável divertimento que teria cada um de nós, o senhor esmagado pela minha riqueza e generosidade, eu, crivada pelos espinhos da sua dignidade. Ao cabo de um mês não nos poderíamos ver; e faríamos um do outro a mais triste ideia" (pp. 736, 753, 739, 776, 821).

9 Ainda aqui, a gracinha a ser reescrita nos devidos termos é fornecida por Alencar, que em *A pata da gazela* se refere a um pé disforme, com evidente delícia, como sendo "uma enormidade, um monstro, um aleijão", "uma base, uma prancha, um tronco". "Essa aberração da figura humana, embora em um ponto só, lhe parecia o sintoma, senão o efeito, de uma monstruosidade moral." "[...] esse pé era cheio de bossas, como um tubérculo, [...] era uma posta de carne, um cepo!" (José de Alencar, *A pata da gazela*. In: op. cit., pp. 599 e 602). Adiante veremos o duro destino de Dona Placida, outro exemplo de retificação crítica da tradição literária brasileira: como o herói das *Memórias de um sargento de milícias*, a pobre mulher é filha de uma "conjunção de luxúrias vadias", de "uma pisadela e de um beliscão". No caso da personagem machadiana, contudo, o nascimento irregular não simboliza folga ou acomodação alegre, aparecendo apenas como soma de inconvenientes tremendos e humilhações. Cf. Manuel Antônio de Almeida, *Memórias de um sargento de milícias*, capítulo i; e *Memórias póstumas de Brás Cubas*, capítulo LXXV.

NOTAS 143

10 Machado de Assis, op. cit., p. 166.
11 Id., p. 214.
12 Id., p. 215.
13 Id., p. 155.
14 Id., p. 155.
15 Id., p. 159.
16 Id., p. 150.
17 Ibid.
18 Id., p. 157.
19 Ibid.
20 Id., pp. 184 e 162.
21 Id., p. 162.
22 Id., p. 271.
23 Por sentimento dito filantrópico, Baudelaire aconselhava espancar os mendigos encontrados na rua, único meio de forçá-los a reencontrar a dignidade perdida — já que nalgum momento tentariam o revide. "Acabemos com os pobres!", *Le Spleen de Paris* (1869). Para uma análise política deste *petit poème en prose*, ver: Dolf Oehler, *Pariser Bilder (1830-1848)*. Frankfurt am Main: Suhrkamp, 1979 [Ed. bras.: *Quadros parisienses: Estética antiburguesa em Baudelaire, Daumier e Heine 1830-1848*. Trad. de José Marcos Macedo e Samuel Titan Jr. São Paulo: Companhia das Letras, 1997].

NACIONAL POR SUBTRAÇÃO [PP. 81-102]

1 Machado de Assis, "A nova geração". In: *Obra completa*. Rio de Janeiro: Aguilar, 1959. v. 3, p. 826.
2 Para um balanço equilibrado e substancioso do tema, ver do próprio Antonio Candido: "Literatura e subdesenvolvimento". In: *A educação pela noite*. São Paulo: Ática, 1987.
3 Silviano Santiago, *Uma literatura nos trópicos: Ensaios sobre dependência cultural*. São Paulo: Perspectiva, 1978 [2. ed. Rio de Janeiro, Rocco, 2000].
4 Haroldo de Campos, "Da razão antropofágica: diálogo e diferença na cultura brasileira". *Boletim Bibliográfi-*

144 AS IDEIAS FORA DO LUGAR

      co Biblioteca Mário de Andrade. São Paulo, v. 44, jan./ dez. 1983 [Republicado em *Metalinguagem & outras metas.* 4. ed. rev. e ampl. São Paulo: Perspectiva, 1992, pp. 231-55].

5   A observação é de Vinicius Dantas.

6   Sílvio Romero, *Machado de Assis.* Rio de Janeiro: Laemmert & C., 1987, pp. 121-3 [Campinas: Ed. da Unicamp, 1992].

7   Antonio Candido, *Formação da literatura brasileira: Momentos decisivos.* São Paulo: Martins, 1969. v. 1, p. 74 [13. ed. Rio de Janeiro: Ouro sobre Azul, 2012].

8   Sérgio Buarque de Holanda, *História geral da civilização brasileira,* dirigida pelo mesmo Autor. São Paulo: Difel, 1977. t. 2, v. 5: *Do Império à República,* pp. 77-8.

9   Emília Viotti da Costa, *Da Monarquia à República: momentos decisivos.* São Paulo: Grijalbo, 1977, cap. 1 [9. ed. São Paulo: Editora Unesp, 2010]; Luiz Felipe de Alencastro, "La Traite négrière et l'unité nationale brésilienne", *Revue Française de l'Histoire d'Outre Mer.* t. 66, n. 244-5, 1979; Fernando Novais, "Passagens para o Novo Mundo", *Novos Estudos Cebrap.* São Paulo, Cebrap, n. 9, jul. 1984.

10   Ver: Celso Furtado, *A pré-revolução brasileira.* Rio de Janeiro: Fundo de Cultura, 1962 [Recife: Ed. Univ. UFPE, 2009]; e Fernando Henrique Cardoso, *Empresário industrial e desenvolvimento econômico no Brasil.* São Paulo: Difel, 1964.

11   Paulo Emílio Sales Gomes, *Cinema: trajetória no subdesenvolvimento.* Rio de Janeiro: Paz e Terra, 1980, p. 77 [2. ed. Rio de Janeiro: Paz e Terra, 2001].

SOBRE AS *TRÊS MULHERES
DE TRÊS PPPÊS* [PP. 103-28]

1   Paulo Emílio Sales Gomes, *Três mulheres de três PPPês* (1977). São Paulo: Cosac Naify, 2007.

2   Id., p. 112.

3   Id., p. 40.

NOTAS 145

4   Id., p. 91.
5   Id., p. 110.
6   Id., p. 92.
7   Id., p. 11.
8   Id., p. 98.
9   Esses parágrafos apoiam-se no extraordinário estudo de Walter Benjamin sobre "O narrador" (1936). Diz ele, pensando na quebra moderna do valor da experiência pessoal: "A arte de narrar aproxima-se de seu fim porque a sabedoria, que é o aspecto narrativo da verdade, está em vias de extinção". *"Der Erzähler"*. In: *Gesammelte Schriften*, II, 2, Frankfurt: Suhrkamp, 1977, p. 442 [Ed. bras.: "O narrador: Considerações sobre a obra de Nikolai Leskov". In: *Magia e técnica, arte e política: Ensaios sobre literatura e história da cultura*. 5. ed. São Paulo: Brasiliense, 1993].
10   Ver: J. G. Nogueira Moutinho, "Três mulheres do sabonete Araxá". *Folha de S.Paulo*, 29 maio 1977.
11   Paulo Emílio Sales Gomes, op. cit., pp. 68-9.
12   Id., p. 102.
13   Id., p. 20.
14   Id., p. 102.
15   Id., p. 114.
16   Ver desta perspectiva o trecho seguinte: "Vi que a pausa era definitiva, ela não tinha mais nada a acrescentar. Seguira o relato com a maior atenção sem me distrair uma só vez, o que ressalta na fidelidade com que acabo de reproduzi-lo uma semana depois. Meus sentimentos foram variados mas predominou a emoção. Era a primeira vez que ouvia uma confissão tão espontânea, além de formulada com algum talento. Essa experiência deve ser trivial aos padres, analistas e uns poucos policiais estrangeiros, não acredito que os brasileiros consigam confissões assim. Quando não tocam nos confessos potenciais, por definição inconfidentes, só ouvem mentiras. Se usam outros métodos, as verdades que arrancam a alicate, juntamente com as unhas do interlocutor, são apenas frangalhos de verdade que pertencem a um corpo e a um espírito amortecidos. Ou-

vir, porém, a confissão de uma boca e de uma alma palpitantes de ambiguidade, eis aí uma experiência que pode ter se tornado corriqueira para os confidentes profissionais, mas para um amador como eu é capaz de alterar a vida" (Id., pp. 109-10).

NOTA ESPECÍFICA [PP. 129-33]

1 Machado de Assis, "Notícia da atual literatura brasileira — Instinto de nacionalidade" (1873). In: *Obra completa*. Rio de Janeiro: Aguilar, 1959. v. III, p. 817.

2 A comparação entre Machado de Assis e Borges foi esboçada por Davi Arrigucci Jr., em "Da fama e da infâmia (Borges no contexto literário latino-americano)". In: *Enigma e comentário: Ensaios sobre literatura e experiência*. São Paulo: Companhia das Letras, 1987.

Notas sobre os textos

"Cultura e política, 1964-1969": "Remarques sur la culture et la politique au Brésil". *Les Temps Modernes*, Paris, n. 288, jul. 1970. In: *O pai de família e outros estudos*. Rio de Janeiro: Paz e Terra, 1978.

"As ideias fora do lugar": "Dépendance nationale, déplacement d'ideologies, littérature". *L'Homme et la Societé*, Paris, n. 26, 1972; *Estudos Cebrap*. São Paulo, n. 3, pp. 151-61, 1973. In: *Ao vencedor as batatas: Forma literária e processo social nos inícios do romance brasileiro*. São Paulo: Duas Cidades, 1977.

"O sentido histórico da crueldade em Machado de Assis". *Novos Estudos Cebrap*. São Paulo, n. 17, pp. 38-44, maio 1987; "Eugênia", primeira seção do capítulo 6 — "A sorte dos pobres". In: *Um mestre na periferia do capitalismo: Machado de Assis*. São Paulo: Duas Cidades, 1990.

"Nacional por subtração". *Folha de S.Paulo*, 7 jun. 1986. In: *Que horas são?: Ensaios*. São Paulo: Companhia das Letras, 1987.

"Sobre as *Três mulheres de três* PPPês". In: *O pai de família e outros estudos*. Rio de Janeiro: Paz e Terra, 1978.

"A nota específica". In: *Sequências brasileiras: Ensaios*. São Paulo: Companhia das Letras, 1999.

Notas sobre os textos

LEIA MAIS PENGUIN-COMPANHIA
GRANDES IDEIAS

Sérgio Buarque de Holanda

O homem cordial

Tradução de
LILIA MORITZ SCHWARCZ
ANDRÉ BOTELHO

O crítico, historiador e sociólogo paulista Sérgio Buarque de Holanda é um dos maiores intelectuais brasileiros no século XX. Autor de obras capitais, alguns de seus conceitos se tornaram modelos clássicos de interpretação de nossa história. Entre eles se destaca o do "homem cordial", presente em *Raízes do Brasil* (1936), seu primeiro livro, no qual o autor investiga as origens de uma forma de sociabilidade brasileira, mais afeita aos contatos informais e à negação das esferas públicas de convívio. Crítico, ele mostra como a "cordialidade" leva a uma relação problemática entre instâncias públicas e privadas.

Este volume reúne, além de "O homem cordial", outros momentos altos da produção intelectual de Sérgio Buarque de Holanda: "O poder pessoal" (da coleção *História geral da civilização brasileira*), "Experiência e fantasia" (de *Visão do Paraíso*), "Poesia e crítica" (de *O espírito e a letra*) e "Botica da natureza" (de *Caminhos e fronteiras*). O conjunto é uma excelente introdução ao pensamento do autor, ou a oportunidade de voltar a esses textos fundamentais, que aliam o rigor metodológico do grande historiador e crítico à fluência narrativa de um consumado estilista e mestre da língua.

WWW.PENGUINCOMPANHIA.COM.BR

LEIA MAIS PENGUIN-COMPANHIA
GRANDES IDEIAS

Friedrich Nietzsche

100 aforismos de amor e de morte

Seleção e tradução de
PAULO CÉSAR DE SOUZA

A maioria dos treze livros publicados durante a vida de Nietzsche se compõe de breves seções numeradas. São os chamados "aforismos", que ele adotou dos moralistas franceses do século XVIII e a que deu maior extensão e amplitude temática.
Trata-se de milhares de reflexões sobre os mais diversos temas de filosofia, moral, religião, literatura, sociedade, sexualidade, política e também sobre inúmeras personalidades históricas e artísticas.
 Desse extraordinário conjunto de observações, o tradutor Paulo César de Souza retirou uma centena de aforismos sobre dois temas universais, que interessam a todo ser humano e que talvez definam o que é ser humano: a necessidade do amor e a consciência da morte.

WWW.PENGUINCOMPANHIA.COM.BR

LEIA MAIS PENGUIN-COMPANHIA
GRANDES IDEIAS

Sigmund Freud
O mal-estar na civilização

Tradução de
PAULO CÉSAR DE SOUZA

Escrito às vésperas do colapso da Bolsa de Valores de Nova York (1929) e publicado em Viena no ano seguinte, *O mal-estar na civilização* é uma penetrante investigação sobre as origens da infelicidade, sobre o conflito entre indivíduo e sociedade e suas diferentes configurações na vida civilizada. Este clássico da antropologia e da sociologia também constitui, nas palavras do historiador Peter Gay, "uma teoria psicanalítica da política". Na tradução de Paulo César de Souza, que preserva a exatidão conceitual e toda a dimensão literária da prosa do criador da psicanálise, o livro proporciona um verdadeiro mergulho na teoria freudiana da cultura, segundo a qual civilização e sexualidade coexistem de modo sempre conflituoso. A partir dos fundamentos biológicos da libido e da agressividade, Freud demonstra que a repressão e a sublimação dos instintos sexuais, bem como sua canalização para o mundo do trabalho, constituem as principais causas das doenças psíquicas de nossa época.

1ª EDIÇÃO [2014] 1 reimpressão

Esta obra foi composta em Sabon por warrakloureiro
e impressa em ofsete pela Geográfica sobre papel Pólen Soft
da Suzano S.A. para a Editora Schwarcz em agosto de 2021

A marca FSC® é a garantia de que a madeira utilizada na fabricação
do papel deste livro provém de florestas que foram gerenciadas de
maneira ambientalmente correta, socialmente justa e economica-
mente viável, além de outras fontes de origem controlada.